＼ 小顔にもなれる! ／

マイナス15歳肌をつくる

顔《がん》筋《きん》ひっぺがしメソッド

筋膜美容協会 理事長
那賀洋子

あさ出版

肌トラブルが
絶えない

肌が
乾燥して
いる

肌に
ツヤが
ない

シワが
目立つ

顔が
大きく
なった

こんなお悩み、
抱えていませんか？

二重あごが
気になる

ほうれい線
が気になる

シミが
気になる

エラが
張っている

これらの
お悩みはすべて、

「顔《がん》筋《きん》
ひっぺがし」

で解決できます！

Before → After

こんなにも変わりました！

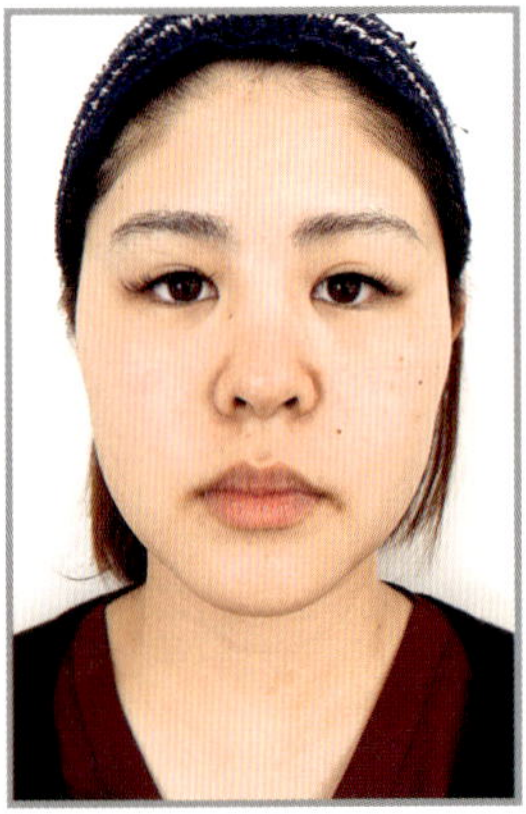

Before1

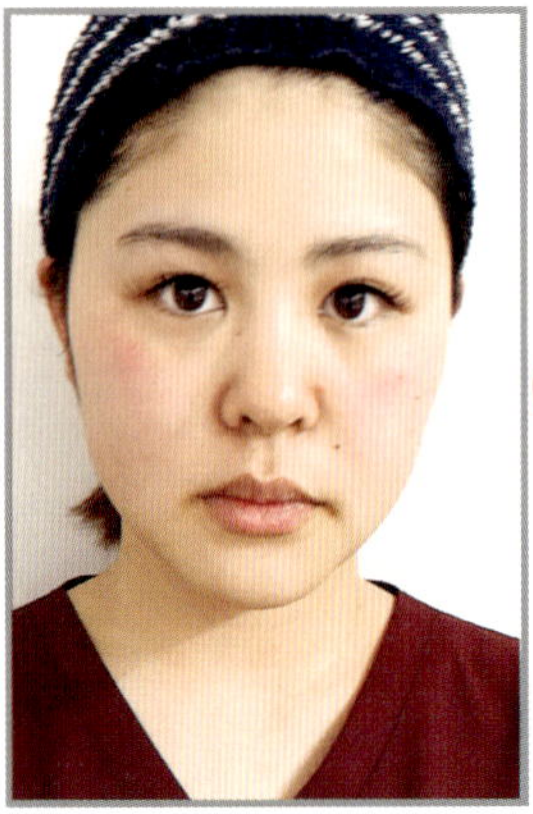

Before2

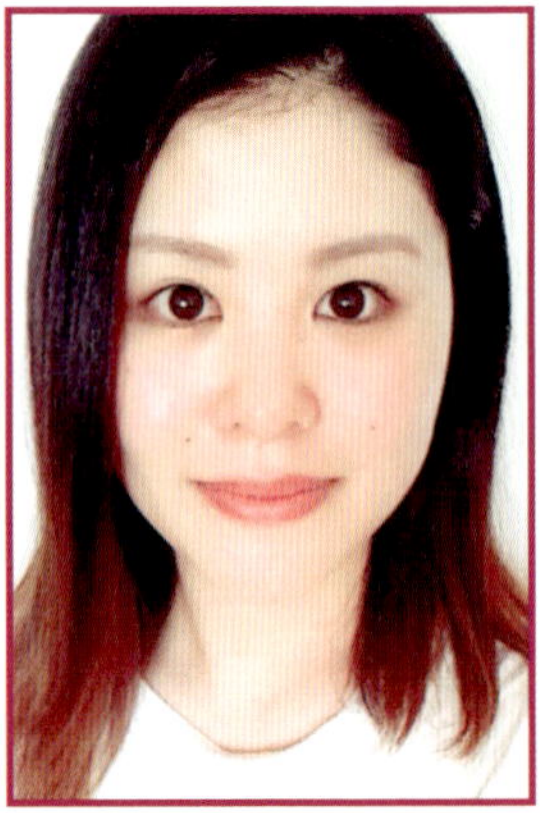

After

顔筋ひっぺがしのおかげで、

顔が小さくなったのはもちろん、**首も長く**なりました。

特に、**目がしっかり開いた**ことと、

鼻が小さくなったことがうれしいです。

顔のパーツ一つひとつが、ハッキリしたように思います。

また、頬を自分で触ると肌がうるおっているのがわかります。

自分の顔をずっと触っていたいくらい、

肌がすべすべで気持ちいいです！（26歳）

顔筋ひっぺがしで、

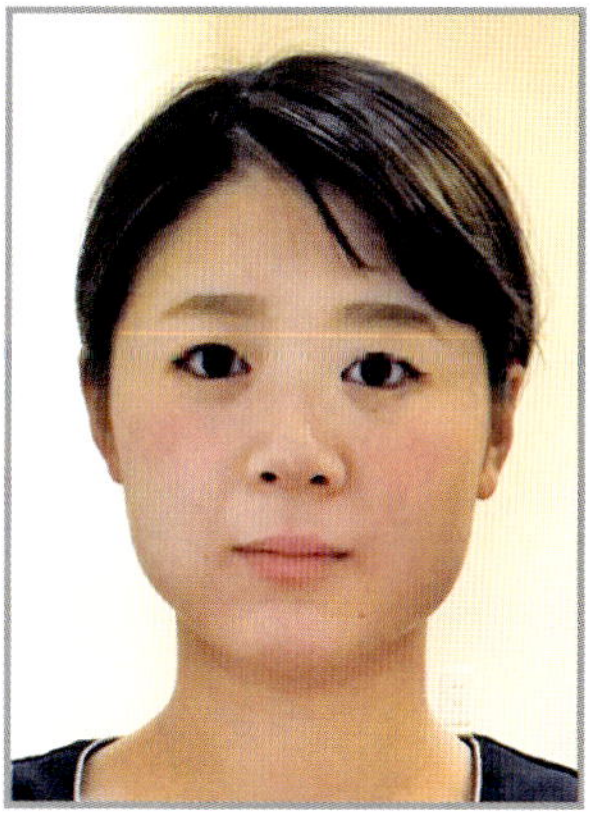
Before

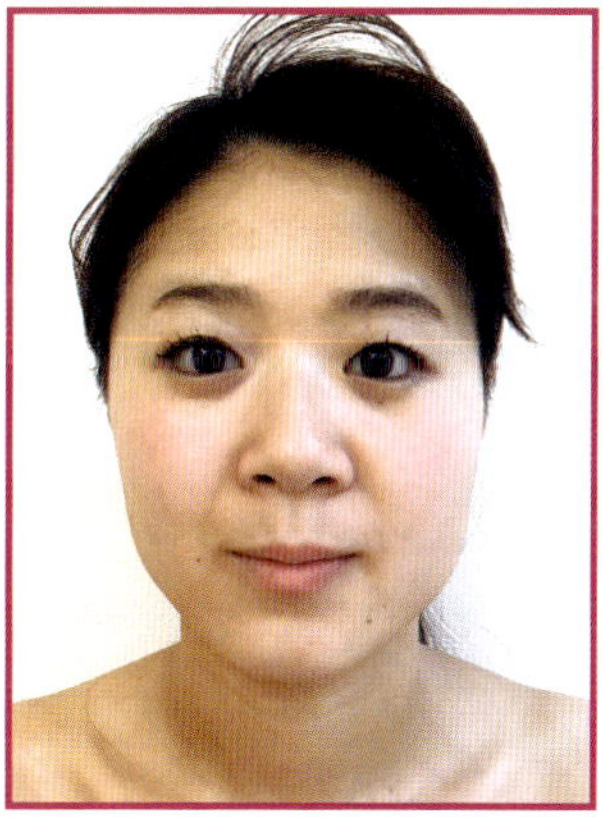
After

エラが張っているかのような顔の形に
ずっと悩んでいたのですが、
顔筋ひっぺがしで、驚くほどスッキリしました！
老廃物がたまっていただけだったようです。
日に日に**フェイスラインがシャープになっていきました**。
目もぱっちりして、会う人、会う人に驚かれます（笑）。
視界も広くなりました。
顔筋ひっぺがしに出会えて、本当によかったです。（26歳）

Before → After

顔筋ひっぺがしで、こんなにも変わりました！

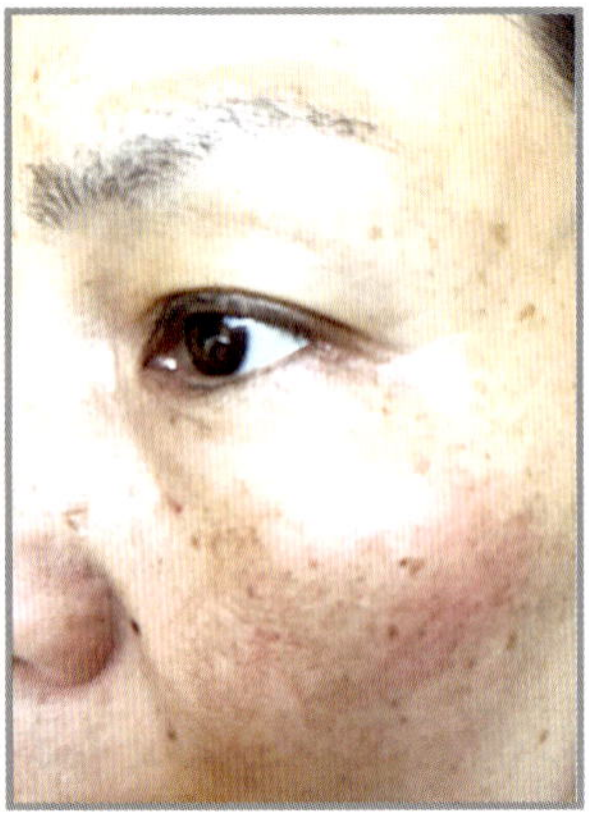
Before

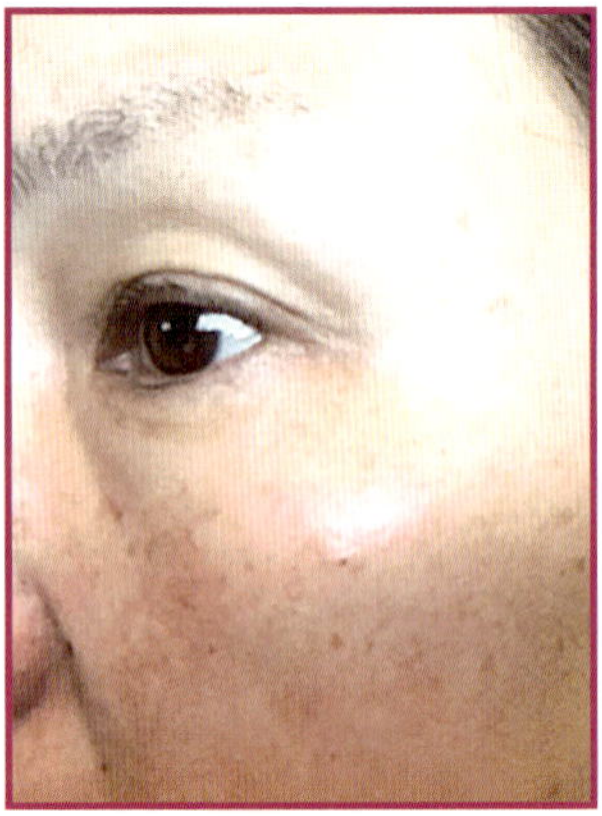
After

長年の悩みだったシミ。

もう消えることなんてないとあきらめていました。

それが、顔筋ひっぺがしをはじめてから、

シミがどんどん薄くなっていき、

いまではすっかり目立たなくなりました。

一気に若返ったようで、すごくうれしいです！

乾燥からくる**肌のカサつきも改善**。

まわりの人たちから、よく「何をしたの？」と聞かれ、

そのたびにうれしい気持ちになります。（47歳）

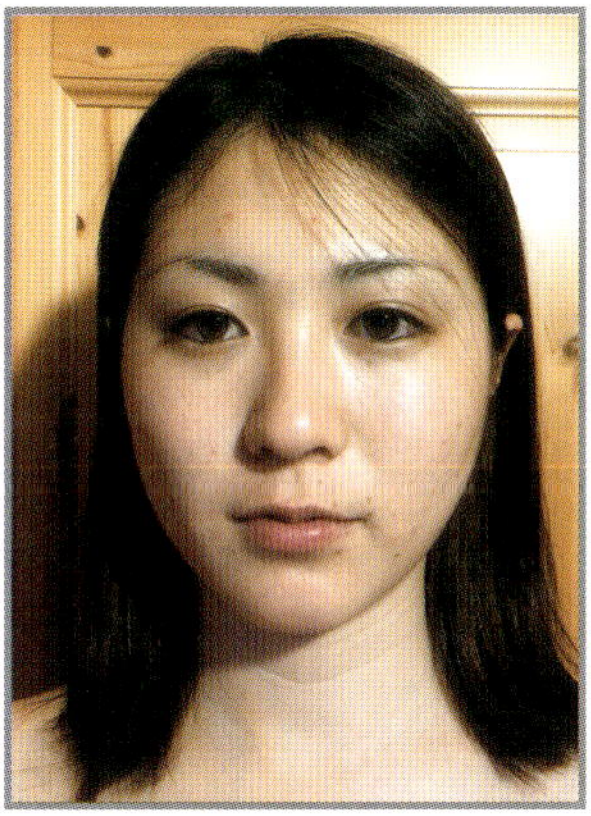

Before

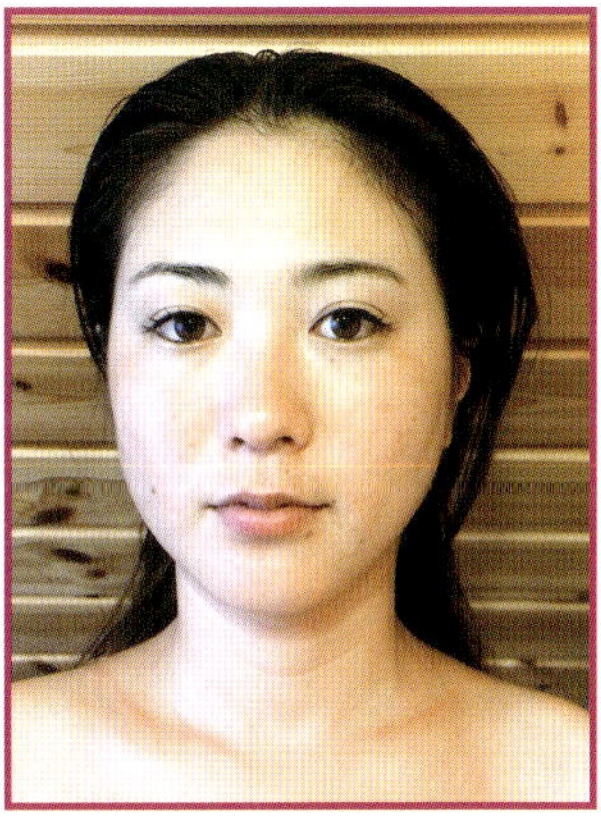

After

顔筋ひっぺがしをした直後、

まず、目や口が開けやすくなったのを感じました。

鏡を見ると、**顔が小さくなっていてビックリ！**

続けることで、**肌もツヤツヤ**になりました。

何かを塗っているわけでもないのに、

すっぴんでも肌が光っているんです！

肌にハリも出ました。

目に見えてたくさんの効果を実感できるので、

顔筋ひっぺがしメソッドは本当におすすめです。（25歳）

Before → After

顔筋ひっぺがしで、こんなにも変わりました！

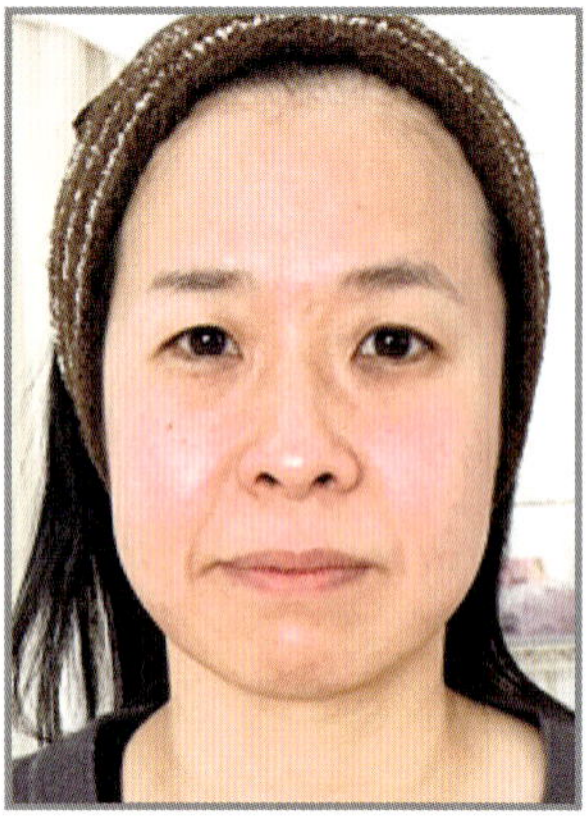

Before

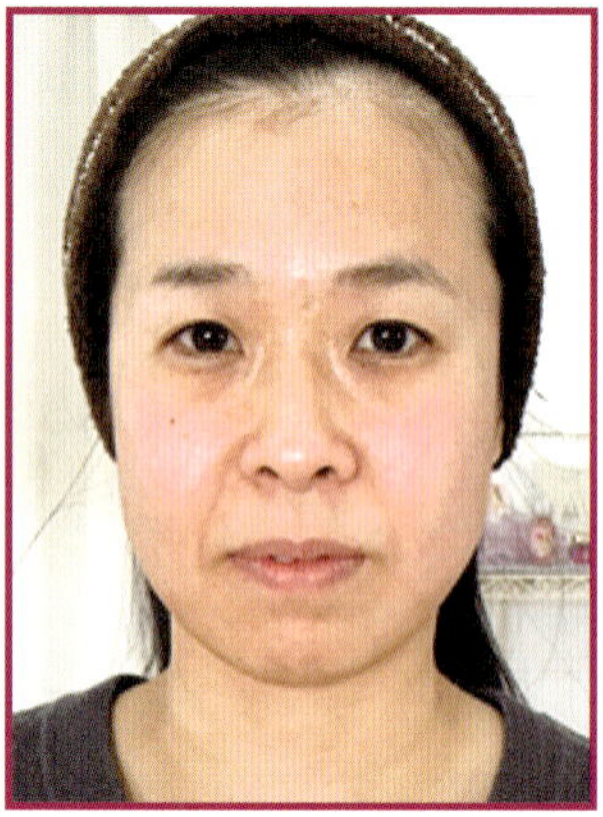

After

顔筋ひっぺがしの効果で、
何をやっても改善されなかった**顔のむくみがとれ、**
小顔になりました。
肌質も、**長年乾燥肌だったのに、いまでは普通肌に**。
肌の血行がよくなったのか、**ファンデーションの色も**
ワントーン明るいものに変わりました！
鎖骨もくっきり出たので、
体重は変わっていないのに、
全体的に痩せたように見えるのもうれしいです。（48歳）

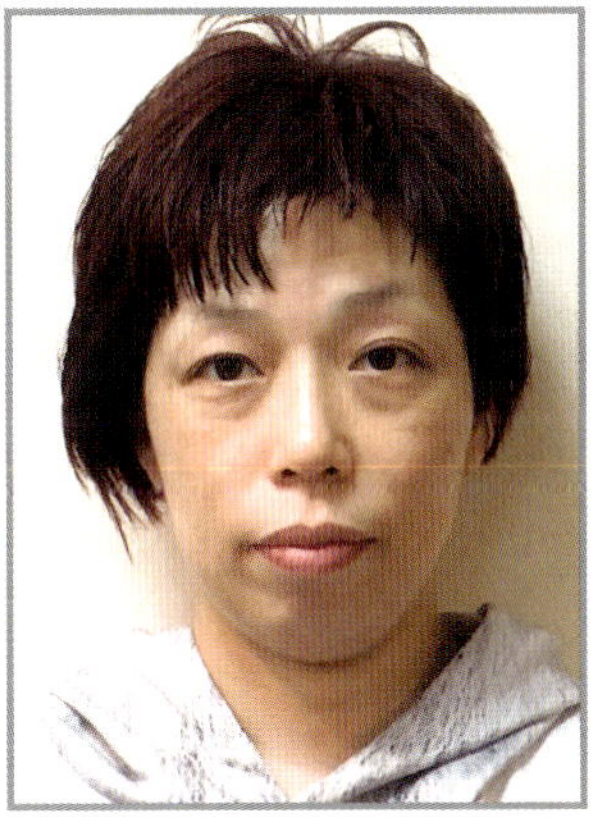

Before

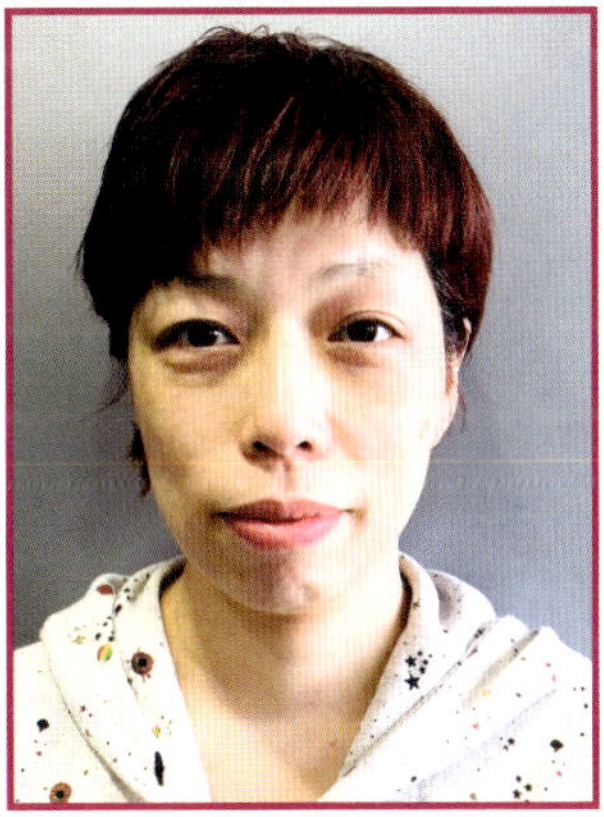

After

ずっと、**肌のたるみやくすみに悩んでいました。**

年齢のせいだから仕方がないとあきらめていましたが、

顔筋ひっぺがしをしたら、

それらの悩みがすべてなくなりました！

ひっぺがしだけで、こんなに顔が変わるんだと、

ビックリしています。まわりからも、

「美容整形したの!?」っていわれました（笑）。

表情筋が鍛えられたからか、

表情も優しくなったように思います。

最近は鏡を見るのがすごく楽しいです。（44歳）

はじめに

70歳。これは、私が32歳のときの肌年齢です。

たくさんの肌トラブルを抱えていることは自覚していましたが、何気なく受けた肌年齢テストで、まさか実年齢の倍以上の数字が出るとは夢にも思っていませんでした。

当時のショックは、いまでも忘れられません。

肌年齢が70歳と告げられた日から、どうにか肌を若返らせようと、数万円する化粧水や乳液、美容液にパックと、スキンケア用品を価格の高いものに総替えしました。

肌を若返らせるには、高価なものがいいと信じて疑わなかったのです。

ところが、高いスキンケア用品で肌をケアしはじめて何ヶ月か経ったある日、小学校に通う娘が描いてくれた私の似顔絵を見て愕然としました。

頬に、涙型の黒い点、つまり大きく開いた毛穴が描かれていたからです。

「こんなに高いスキンケア用品を使っているのに、私の肌はまだひどい状態なんだ！」

高いスキンケア用品をもってしてもキレイになれないのなら、もう私の肌はどうにもならないのかもしれない……。

大きなショックを受けました。


それから18年――。

私のいまの肌年齢は、**29歳**です。

毎日すっぴんでも、

「なんでそんなに肌がキレイなの？」

「どんなケアをしているの？」

「お肌がピカピカ輝いている！」

といわれるまでに回復しました。

まさか私の肌年齢が、かつて70歳だったとは誰も思いません。


私がキレイな肌を手に入れた方法。

それこそが、この本で紹介する「顔筋ひっぺがしメソッド」です。

顔筋ひっぺがしメソッドとは、硬くなった顔の筋膜をひっぺがす（＝引きはがす）ことで、肌本来の働きを取り戻す方法です。

この顔筋ひっぺがしは、これまで私だけでなく、多くの方の悩みを解決に導いてきました。

- 「もう美容整形しかない」と顔にメスを入れることを覚悟していた女性
- クリニックで「治らない」と宣告されたニキビ痕に悩んでいた女性
- 自分の肌を見られるのがイヤで家に引きこもりがちだった女性
- 年々たるんで大きくなる顔を、年齢のせいだから仕方がないとあきらめていた女性
- デコボコしている肌にコンプレックスを抱えていた男性

などなど、さまざまな悩みを持った方々が、「顔筋ひっぺがし」によって、美しい肌を手に入れました。

この本を手にしている方のなかには、インターネットやテレビの情報をうのみにし、次から次へと「キレイになるため」の商品に手を伸ばし、家には使い切れないほどのスキンケア用品がたんまり、それでもまだ、納得がいくケアに出会えないと嘆いている人も多いでしょう。

もしくは、小顔になるために、高価な美容器具を使っている方もいらっしゃるかもしれません。

しかし、そんな日々はもう終わりにしましょう。

顔筋ひっぺがしは高価なスキンケア用品や美容器具は一切使いません。

必要なのは、肌の滑りをよくするジェルとあなたの「手」だけ。

難しいことは一切ありません。

今日からさっそく、顔筋ひっぺがしを実践して、美しい肌を手に入れましょう。

筋膜美容協会 理事長
那賀 洋子

contents

マイナス15歳肌をつくる顔筋ひっぺがしメソッド

chapter 2 自分でできる顔筋ひっぺがしメソッド

contents

マイナス15歳肌をつくる顔筋ひっぺがしメソッド

本文デザイン　野口佳大
本文イラスト　久保田ミホ
写　真　足立篤志
編集協力　加藤道子、山本櫻子
校　正　鴎来堂

次のなかから、当てはまるものに
すべてチェック☑を入れましょう。

- □ 年々、スキンケア用品の
アイテム数が増えている
- □ 化粧品を朝用、
夜用と分けて使っている
- □ 乾燥肌用やニキビ肌用の
化粧品を使っている
- □ 日焼けしやすい
- □ 顔がむくみやすい
- □ 肌のたるみやシワが気になる
- □ シミをファンデーションや
コンシーラーで隠している
- □ ダブルクレンジングをしている
- □ 洗顔後、すぐに化粧水をつけないと
肌がつっぱる

一つでも該当するものがあれば、
あなたは顔筋ひっぺがしメソッドで、
いまよりもっと美しくなれます。

肌のあらゆる悩みを解決する「顔筋ひっぺがしメソッド」

シミ、シワ、たるみ、乾燥など、
肌のさまざまなトラブルを解決する
顔筋ひっぺがしメソッド。
その秘密を解説します。

chapter 1

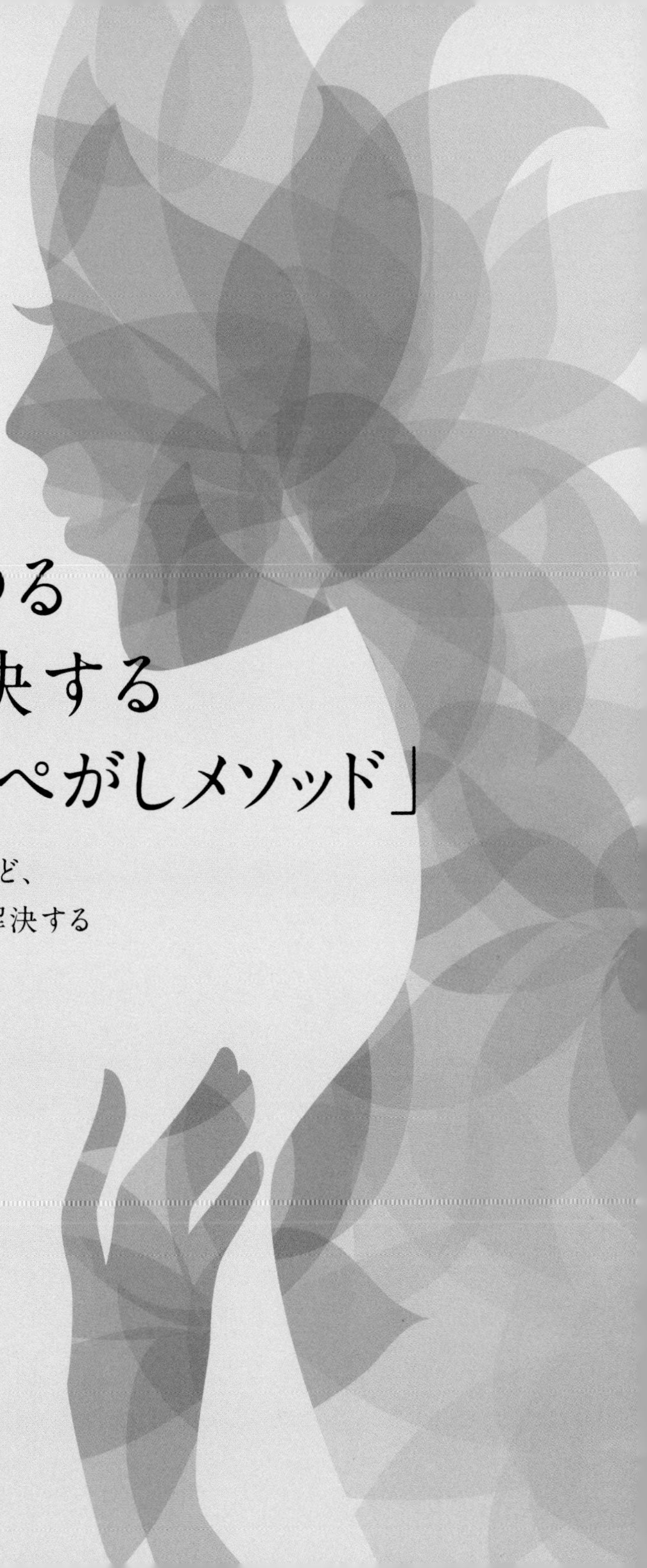

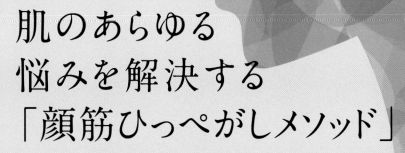

顔筋ひっぺがしでマイナス21歳の肌に

「はじめに」でも触れたように、32歳のとき、私は肌年齢70歳と診断されました。

当時、クレンジング、洗顔、化粧水、乳液と一般的なスキンケアは最低限行っていたものの、なぜかいつも私の肌は乾燥して皮がむけるほどカサカサしていました。

肌がキレイでないことは自覚していましたが、まさか実年齢より38歳も年をとっているとは思わず、そのときのショックは、いまでも鮮明に覚えています。

「このままではダメだ」

そう思った私は、口コミで人気の商品や、新しい成分が配合された高価なスキンケア用品を、次々と試しました。

アドバイスを得ようと、デパートの化粧品売り場や肌の悩みを相談できる場所などにも足を運びましたが、そこでは大抵「油分が足りない」といわれ、**すすめら**

れるがまま乳液やクリームを購入し、重ね塗りする日々が続いたのです。

いままでの何倍ものお金をスキンケア用品にかける生活をしばらく続けていたのですが、肌は一向にキレイにはなりませんでした。

キレイになるどころか、娘が描く似顔絵のなかの私の毛穴は、だんだん丸型から涙型になっていきました。高価なスキンケア用品を使い始めたのに、肌が前より下垂してしまったのです。

娘が描いた絵を見ながら、**「高いお金を払ってスキンケアをした結果がこれ？　じゃあどうしたらキレイになれるの？」**と途方に暮れました。

どうしてもキレイな肌を手に入れたかった私は、スキンケア用品や化粧品の成分について徹底的に調べることを決意。これが、顔筋ひっぺがしメソッドを開発するきっかけとなったのです。

成分を調べるなかで知ったのが、**「経《けい》皮《ひ》吸《きゅう》収《しゅう》」**という言葉でした。

「経皮吸収」とは、日常使われる製品から、皮膚を通して物質が吸収されることをいいます。

化粧品には、肌を健やかに保つための成分が含まれていますが、同時に保存料や香料、着色料など、決して肌にいいとはいえない成分も含まれています。

しっかりした保湿ケアをするということは、それらの成分も肌にたくさん塗り込んでいるということになるのです。

口から摂取した化学物質は体内で解毒され、その約90％は体外へ排出されていくのに対し、経皮吸収された毒素はその90％が肌に残るといわれています。

「私の肌は経皮吸収によって不調が起きているのかもしれない」

そう考えた私は、いままでのスキンケア用品を使うのをやめて、シンプルなケアにチェンジ。雑誌やネットを見て、ヨーグルトや卵白を使ってみたりもしました。

すると驚くことに、すぐにその効果を実感できたのです。

まわりの友達や家族からも「肌がキレイになったね。どんなケアをしているの？」と声をかけられるようになり、そこではじめて、いままでのスキンケアが間違っていたことを確信しました。

つまり、**「足りない」のではなく、「与えすぎ」が不調の原因だったのです**。

肌をキレイにしようと使っていたスキンケア用品のなかには、一つ数万円するものもありました。

それらには、たしかに肌にとっていい成分が含まれていたと思います。

しかし、同じように皮膚に悪影響を与える成分も含まれていたのです。

「肌は必要最低限のケアで十分。与えすぎは肌のトラブルにつながる」

そう確信を強めていくなか、まわりの友達を見てみると、かつての私と同じように、肌のトラブルに対してあれこれと高価な化粧品を塗り込んでいる人が多くいることに気づきました。少し前の自分のように、間違った方法で肌を痛めている友達を目の当たりにしていると、「肌が根本からキレイになる方法をたくさんの人に教えたい」と思うようになりました。

そして、肌に関する勉強に励みながら、経営の知識もつけ、2009年に美容サロンを開業したのです。

オープン当初は、いろいろなものを塗りたくるケアではなく、肌に負担の少ない最低限のケア、**「マイナスケア」**を推奨し、どの家庭にもあるような食品を使ったスキンケアをお客様に提案していました。

すると、たくさんのお客様から、「肌の調子が戻った」と喜びの声をいただきました。

しかし、サロンで数多くのお客様の肌を見て、実例と知識が増えていくにつれ、これまで経皮吸収によって肌にため込んできた大量の毒素までも排出できるような至極のデトックスをしてあげることの必要性に気づき、それを実践できる方法はないかと考えるようになったのです。

「あらゆる病気や不調の原因は9割が老廃物」といわれています。

だったら、「肌にとって不要なものを徹底的に取り除きたい。そうすればきっと、誰でもいまよりもっとキレイになれるはず」と考えました。

肌についてだけでなく身体全般について学び直し、注目したのが、**「筋膜《きんまく》」**でした。

この筋膜をケアするハンドマッサージを独自に追究したことで、「顔筋ひっぺがしメソッド」が誕生したのです。

顔筋ひっぺがしメソッドを実践すればするほど、私の肌はさらにどんどんキレイになっていきました。そして、肌年齢が70歳だった私はいま、実年齢（50歳）マイナス21歳の「29歳」という若い肌を手に入れることができたのです。

マイナスケアだけでは、ここまで肌が回復することはなかったでしょう。

ここまでキレイな肌を手に入れられたのは、間違いなく顔筋ひっぺがしメソッドのおかげです。

顔筋ひっぺがしメソッドのおかげで、すっぴんでも褒められる肌に！

顔筋ひっぺがしって何？

シミ、シワ、ほうれい線、たるみ、くすみ、乾燥……。

顔筋ひっぺがしメソッドは、多くの人が抱えている、あらゆる肌の悩みを解決へと導いてくれます。

なぜなら、顔筋ひっぺがしメソッドは、身体が自ら健康になろうとする力を高めてキレイを目指す「自己回復美容法」をベースにしているからです。

多くの肌トラブルは、肌が本来持っているはずの**「自ら元気になろうとする力＝自己回復力」**が低下していることから発生しています。

赤ちゃんや子どもの肌がみずみずしく、ハリがあるのは、肌の自己回復力がしっかり備わっているから。

自己回復力が高まれば、加齢や紫外線などの外部からの刺激に強い肌になり、もしトラブルが起きても、もとの健康的な肌に自然と戻っていきます。

つまり、肌の自己回復力を取り戻すことさえできれば、いま、あなたが悩んでいる肌トラブルも回復へ向かうというわけです。

そもそも、肌の自己回復力はなぜ低下してしまうのでしょうか。

その大きな要因は、**「筋膜」**にあります。

筋膜とは、内臓や血管、筋肉など身体のあらゆる部位を包んでいる薄い膜のことで、「第二の骨格」とも呼ばれている組織のこと。

身体を衝撃から守ったり、体内の臓器などをあるべき位置に収めたりする重要な役割を担っています。

筋膜は、「コラーゲン」と「エラスチン」という成分でできているのですが、これらは、もともとはうるおいがあって柔らかいのが特徴です。

しかし、筋膜は動かない状態が続くと、うるおいがなくなり、徐々に萎縮して硬くなってしまいます。

この硬くなった状態を**「癒着」**といいます。

筋膜が癒着すると、血行不良やリンパの滞りを引き起こし、どんどん老廃物がたまってしまいます。すると、肌の自己回復力は低下していき、結果、あらゆる肌トラブルが起きてしまうというわけです。

肌の自己回復力を取り戻すためには、顔の筋膜の癒着を解消し、もとの柔らかい状態に戻す必要があります。

その方法が、**顔の筋膜を「ひっぺがす（＝引きはがす）」顔筋ひっぺがし**です。

顔筋ひっぺがしは、癒着した顔の筋膜を引きはがして筋膜をもとの柔らかい状態に戻すことで、肌本来の機能を取り戻します。

自己回復力を取り戻すことができれば、化粧品を使わなくても肌はみるみるキレイになり、あらゆる肌トラブルは解消されていくでしょう。

筋膜って何？

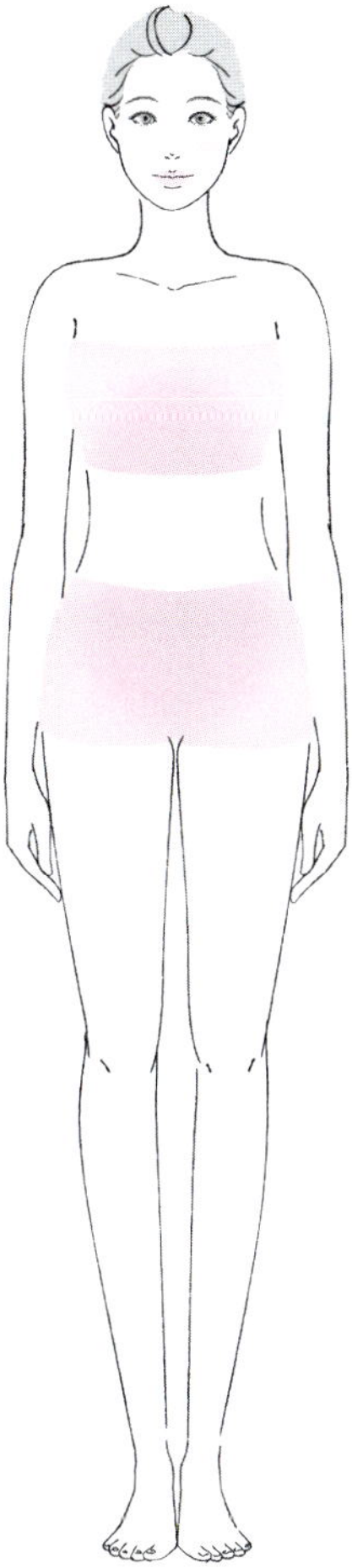

筋膜 ＝ コラーゲン ＋ エラスチン

※癒着した筋膜は固形化する

皮膚と筋膜

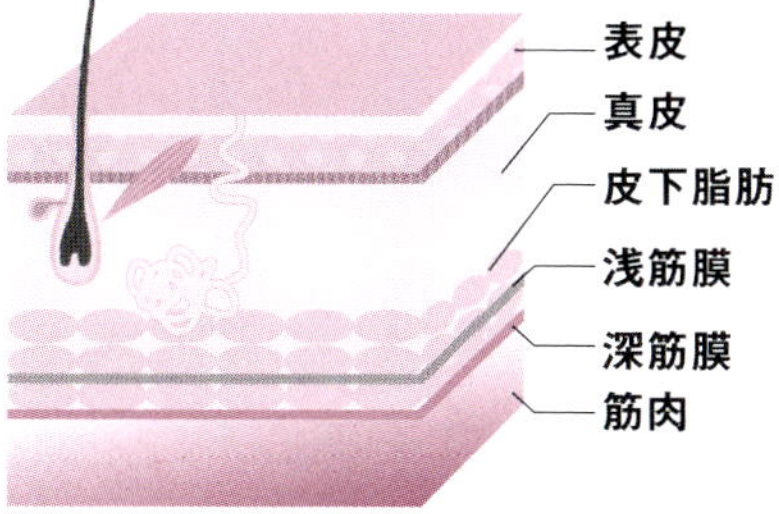

筋肉と筋膜

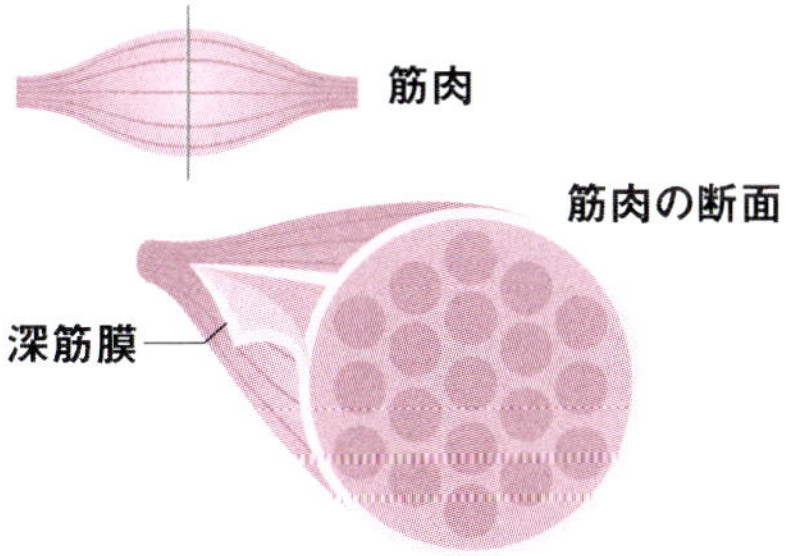

筋膜は一枚皮のように全身を覆っています。

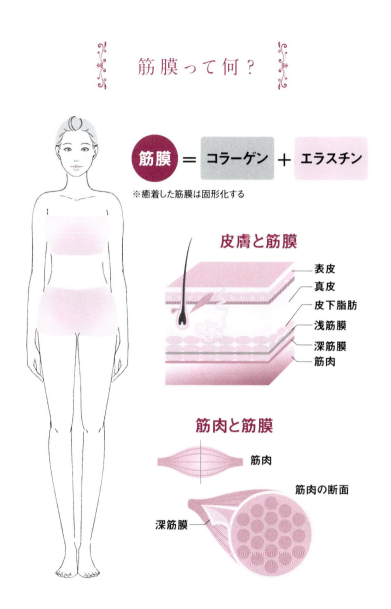

化粧品ではケアできない肌の深部にアプローチ

筋膜の癒着によって、肌の自己回復力が低下する直接的な原因は、肌細胞にあります。

肌細胞とは、肌の弾力とハリを保つのに大切なコラーゲン線維をつくる細胞で、元気な肌細胞は、肌自らがつくり出す保湿成分「ＮＭＦ（天然保湿因子）」を多く含んでおり、肌にうるおいとツヤをもたらしてくれます。

しかし、筋膜の癒着によって、リンパの流れが悪くなり、老廃物がたまると、肌細胞に栄養が行きわたらなくなります。

結果、肌の自己回復力がどんどん低下していくというわけです。

肌の自己回復力が低下してしまうと、化粧品で一時的には肌をうるおすことができても、肌トラブルが根本的に解決することはありません。

癒着を引きはがし、たまった老廃物を流してこそ、血流がスムーズになって栄養が行きわたり、元気な肌細胞が育つのです。

顔筋ひっぺがしは、化粧品ではケアできない筋膜に直接アプローチすることで、肌トラブルの原因を根本的に解決します。

顔筋ひっぺがしメソッドをマスターすれば、誰もが、肌本来の「キレイになる力」を取り戻すことができるというわけです。

美しい筋膜が美しい肌をつくる

健康な筋膜

うるおいがあって柔軟。筋肉の動きに連動して滑るように動く。血流もスムーズで、細胞に栄養が行きわたる状態。

不健康な筋膜

動かさないことで硬くなり、筋肉の動きまで制御してしまう。リンパの滞りや血行不良により、くすみや肌の乾燥、骨格のズレなどさまざまな不調を引き起こす。

身体は鍛えるのに、なぜ顔は鍛えない？

最近、「キレイになりたい」という思いから、身体を鍛える女性がとても増えています。

ジムでのトレーニングだけでなく、自宅で筋トレをする「宅トレ」という言葉も、よく聞くようになりました。

身体を鍛えることは、美しいボディラインが手に入るだけでなく、健康や免疫力の向上、ストレス発散といった、たくさんのメリットがあります。

しかし、「肌をキレイにしたい」「小顔になりたい」と思ったときに、なぜか「顔を鍛えよう」と思う方は少ないようです。

顔にも当然、筋肉はあります。「表情筋」という言葉を聞いたことがある方は多いのではないでしょうか。

しかし、日本人は、表情筋を約20％しか使っていないといわれています。日本語の発声の仕方や、感情をあまり表に出さないといった文化的な背景によるところが大きいのかもしれません。

対して、欧米人は表情筋を約60％使っているといわれており、この事実だけを見ても、多くの日本人は、**慢性的な「顔の運動不足」**といえます。

肌トラブルの原因となる筋膜の癒着は、顔の筋肉を使っていないことで引き起こされます。

すでにお話ししたように、筋膜が癒着すると、老廃物がたまり、肌色がくすむ、顔がむくむ、吹き出物ができる、乾燥するといったさまざまな肌トラブルを引き起こしてしまいます。

サロンに来てくださるお客様を見ていても、表情が豊かな方ほど肌にツヤがあり、肌の悩みも少ないことがわかります。

逆に、無表情な方ほど、むくみや乾燥、シミなどの悩みを多く抱えています。

思えば、筋肉量が多いアスリートは、みなさん肌がツヤツヤしていますよね。

美しい肌を手に入れるためには、筋膜の癒着をひっぺがし、筋肉を鍛えることがとても効果的なのです。

筋膜の癒着をひっぺがす

▼

たまっていた老廃物を流す

▼

筋肉が動きやすくなる

▼

肌が本来持っている自己回復力がよみがえる

顔筋ひっぺがしメソッドは、**「顔の筋トレ」**ともいえます。

表情筋を鍛えて 美フェイスを手に入れましょう

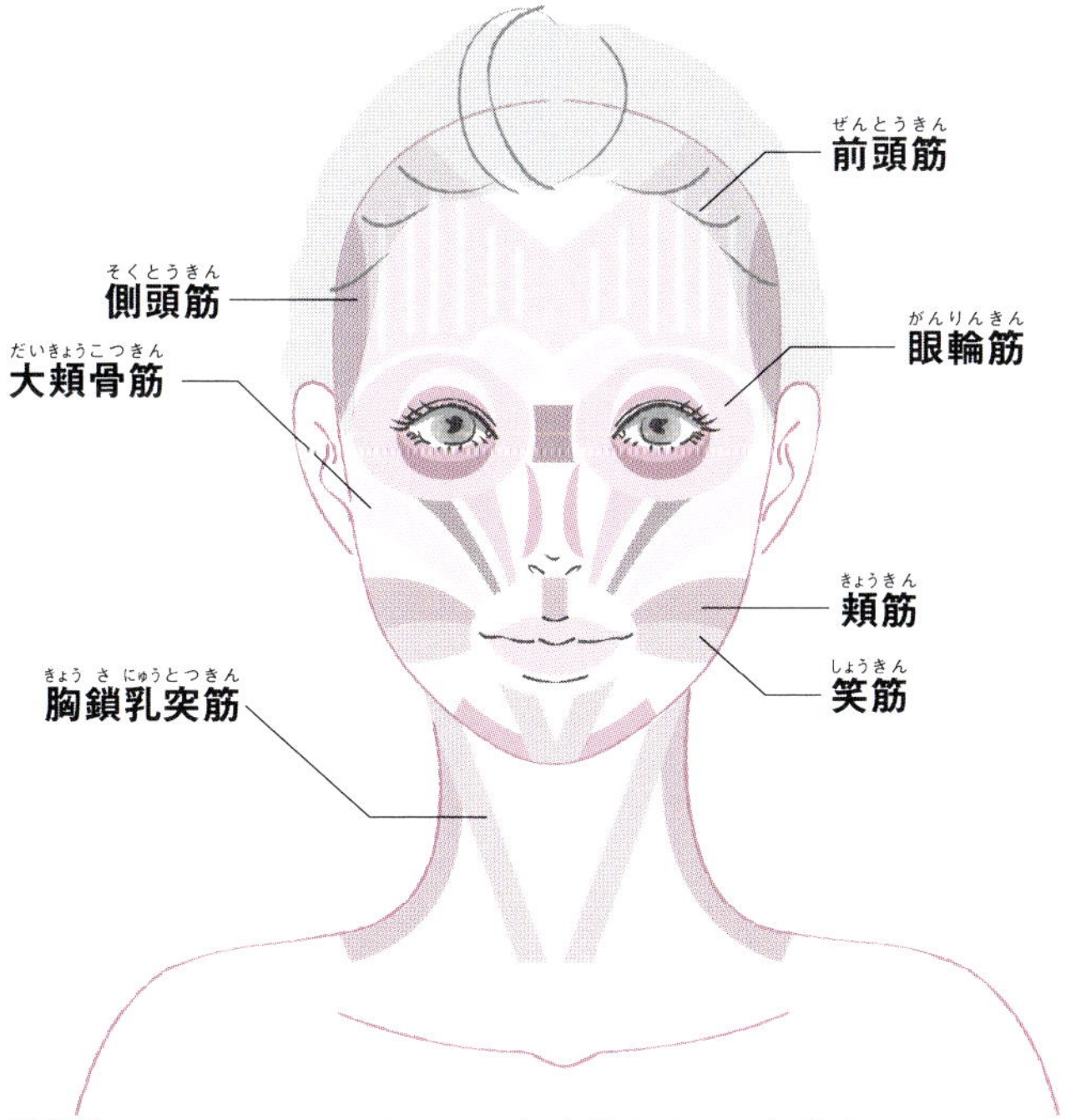

前頭筋……………… おでこをメインに顔全体を引き上げる筋肉
衰えると、おでこにシワができる

側頭筋……………… 下あごを引き上げる筋肉
衰えると、フェイスラインのたるみやほうれい線の原因に

眼輪筋……………… 目を開けるときに使う筋肉。衰えると、クマやまぶたのたるみの原因に

大頬骨筋…………… 口角を引き上げる筋肉。衰えると、シミやシワの原因に

頬筋………………… 頬を膨らませたり凹ませるときに使う筋肉
衰えると、頬のたるみの原因に

笑筋………………… 口角を横方向に引っ張る筋肉。衰えると、口角が下がる

胸鎖乳突筋………… 首を曲げて回転させる筋肉
衰えると、二重あごやリンパが詰まる原因に

顔筋ひっぺがしメソッドは、筋膜の癒着を引きはがすだけでなく、表情筋を鍛えるメソッドでもあります。

肌本来の美しさを取り戻す

HSP（ヒートショックプロテイン）をご存知でしょうか。

HSPとは、ストレスを加えることによりできるたんぱく質のことで、傷ついた細胞を修復したり、さまざまなストレスから身体を守ってくれたりするといわれています。

HSPには、具体的に次のような効果があります。

- **免疫細胞の働きを助けて免疫力を高める**
- **新陳代謝を高めて肌のターンオーバーを促進する**
- **血行を促進し、むくみや冷えを改善する**
- **紫外線による刺激から肌を守り、シミや肌のハリの低下を抑える**

このように、女性にうれしい多くの働きをするＨＳＰですが、**顔筋ひっぺがしは、このＨＳＰを増やしてくれます**。

ＨＳＰはストレスをかけることにより量産されるのですが、顔筋ひっぺがしは肌の奥にある筋膜に刺激を加えてストレスを与える分、肌内でＨＳＰが増産されるのです。

紫外線ダメージにも強い肌になり、いまあるシミも薄くなっていきます。なぜなら、ＨＳＰの増加により肌の代謝が上がれば、シミの原因となるメラニンがどんどん排出されるからです。

また、肌のなかでコラーゲンやヒアルロン酸といったうるおい成分がたっぷりつくられるようになるので、油分が多いクリームを塗らなくても、みずみずしくツヤがある肌を維持できるようになります。

顔筋ひっぺがしメソッドは、肌にうれしい働きをするＨＳＰが増えるという効果もあるのです。

顔筋ひっぺがしでこう変わる！

顔筋ひっぺがしは、年齢、性別問わず、誰もが簡単にできて、健康的に美しくなれるマッサージです。1回の施術でも効果は表れますが、さらに継続することで、美肌や小顔が手に入ります。

顔筋ひっぺがしによって、多くの方が実感したことの一部をご紹介いたします。

- **保湿をしなくても肌がうるおってツヤが出るようになった**
- **むくみがとれて、あごのラインがシャープになった**
- **まぶたが引き上がって、目が大きくなった**
- **鼻筋が通って顔にメリハリが出た**
- **肌質が改善された**

● シミが薄くなった
● 肌に若々しいハリ感が出た
● 二重あごが解消された
● くすみが気にならなくなった
● ほうれい線やシワが薄くなった
● コケた頬や痩せた唇がふっくらした

これ以外にも、私自身も予想をしていなかった数多くの効果が報告されています。

たとえば、**「長年悩まされていた頭痛が治った」「歯茎がピンク色になった」「薄毛が治った」「顎関節症が治った」**など、数々の事例が私を驚かせてくれます。


さらに、顔筋ひっぺがしを行うことは、脳のデトックスにもつながります。

顔の筋膜は頭皮にもつながっているので、顔の筋膜の一部が癒着すると、頭部全体の筋膜がつっぱってしまい、頭蓋骨に歪みが生じてしまうことがあります。

頭蓋骨に歪みが生じると、左右の輪郭がアンバランスになり顔が大きくなるだけでなく、血流が妨げられ、脳に新鮮な血液が送られず、記憶力や判断力の低下、認知症のリスクが上がるなどの支障をきたすこともあります。

脳のデトックスにも、顔筋ひっぺがしはとても効果的なのです。

顔の筋膜の癒着をとって美筋膜を目指せば、頭の骨や筋肉も本来の位置に収まり、勘が冴え渡るといったスッキリ感を味わうことができます。

このように、顔筋ひっぺがしは小顔効果や肌トラブル解消のほかにも、数多くの効果が期待できます。

顔筋ひっぺがしで人生が変わった！

顔筋ひっぺがしによって肌がキレイになると、モチベーションが上がり、やがて人生までも変わることがあります。

私が確信を持ってこういえるのは、理想的な肌を手に入れたことで自分に自信がつき、前向きに生活している方を何人も見てきたからです。

私のサロンには10代から80代まで幅広い年齢の方がお越しくださいます。

最近は、男性のお客様も増えており、あらためて肌への意識が高まっていることを身に染みて感じています。

そんななかで、印象的だったお客様の実例を2つ、ご紹介しましょう。

Aさんの場合

20代でモデルをしていたAさんは、はじめてサロンに来たとき、顔のむくみに悩んでいると話してくれました。

モデルという職業柄、撮影前は口にするものに相当気を遣っているとのこと。「すごく気をつけていても、寝る前に水を飲むだけで翌朝、顔がむくんでしまって……」と、悩んでいました。

その表情は暗く、とても疲れた様子だったことを覚えています。

しかし、施術後は、顔のむくみがとれたのはもちろん、顔がひと回り小さくなったと、素敵な笑顔でとても喜んでくれました。

それからは、撮影前は必ず来店してくれるように。

施術を受けるたびに、**「顔のむくみがとれて小顔になっただけでなく、肌にツヤも出てきた」**と喜んでくれています。

はじめてお会いしたときと比べると、笑顔が増え、表情も豊かになり、いまはモデルとしてさらに活躍の場を広げています。

Bさんの場合

40代男性のBさんは、会社経営をされており、国内外で活躍されている実業家です。

仕事柄、いろいろな方とお会いする機会が多いので、第一印象をよくしたいとサロンに来てくれました。仕事が忙しく、とてもハードな生活を送っているため、スキンケアをする余裕なども持てなかったそうです。

しかし、50歳を目前にして、顔のたるみやシワが気になりはじめ、サロンに足を運んでくれたのでした。

Bさんは、とても話が上手で表情が豊か。普段から表情筋を使われているせいか、施術はそれほど痛みを感じないと話してくれました。

施術中、痛みをともなわなかったにもかかわらず、施術後は明らかに肌のたるみ、シワがなくなったと感動してくれました。

いまでも月に一度、来店してくれますが、**「やっぱり第一印象がいいほうが仕事をするうえでも有利ですね」**と、初対面の相手との交渉がいままで以上にうまくいくようになったと話してくれます。

Aさん、Bさんのように、**顔筋ひっぺがしで人生が前向きになった人は、たくさんいます**。

いままで数々の美容法を試した結果、悩みを解消できず疲れ果てて、「やっぱり老化には勝てない」とあきらめてしまっている方は多いと思います。

さらには、肌の悩みが原因で、人生に対しても後ろ向きになってしまった方もいらっしゃるかもしれません。

そんな方たちにこそ、顔筋ひっぺがしメソッドを試していただきたいです。

ではさっそく、次の章から、顔筋ひっぺがしの方法をご紹介していきましょう。

chapter 2

自分でできる
顔筋ひっぺがしメソッド

顔筋ひっぺがしの方法をご紹介します。
継続して行い、
理想の肌を手に入れましょう!

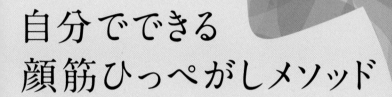

顔筋ひっぺがしをする前に

自分でできる顔筋ひっぺがしの方法をご紹介します。
その前に、いくつかの注意事項についてお話しします。

1．正しい方法で行いましょう

顔筋ひっぺがしは1回でも効果を実感できますが、正しい方法で行わなければ効果は期待できません。

自己流にならないよう正しく行いましょう。

施術をより正しく行っていただくために、施術動画を見ることができるQRコードを掲載しました。携帯電話やタブレットでQRコードを読み取れるアプリを使い、ぜひ動画も一緒にご確認ください。

2.力加減に注意しましょう

前述したとおり、肌の不調の多くの要因は、顔の運動不足により、筋膜が癒着していることが原因です。顔が運動不足だと、多少なりとも痛みをともないます。痛いのは、やり方が間違っているわけではないので、ご安心ください。

しかし、肌に赤みが残ったり、あざができるほどの強さで行うのはNGです。肌の表面を傷つけないよう、そして、肌の深部に働きかけることを意識しながら行いましょう。

3.準備運動と整理運動は必ず行いましょう

❶頬 ❷目のまわり ❸口のまわり ❹輪郭 の4つの顔筋ひっぺがしの方法をご紹介します。気になるパーツを選んで1つだけ行ってもいいですが、4つすべてを行うとより効果的です。

ひっぺがしをする前には**「準備運動　鎖骨の開放」**を、終わりには**「整理運動　耳まわし」**を必ず行うようにしてください。

ひっぺがしは、1日1回を日安に行いましょう。

4．必要なアイテムを用意しましょう

ひっぺがしの前に、次の2つのアイテムを用意しましょう。

●テーブルを用意する

ひっぺがしの手順のなかには、テーブルにひじをついて行うものもあります。左のページのイラストのように、ひじをテーブルについたとき、手に体重をかけやすい高さのテーブルを用意しましょう。必ずしもイスに座る必要はなく、ちょうどいい高さのテーブルがあれば、床に座って行ってもOKです。

●肌を保護するアイテムを用意する

肌の表面を傷つけないよう、指が滑りやすくなる質感のものを用意しましょう。オールインワンジェルのような少し粘度の高いジェル状のものがベスト。ひっぺがしをする前に必ず塗り、肌が乾かないようこまめに塗り足しましょう。

ジェルがない場合はマッサージクリームなどでも代用できますが、終わったあとに油分が残らないよう洗い流し、お手持ちの化粧水で簡単に肌を整えてください。

顔筋ひっぺがしの準備

1

テーブルを用意する

テーブルにひじをついて、
手に体重をかけながら
行いましょう。

2

肌を保護する
アイテムを用意する

オールインワンジェルのような
少し粘度の高いものを
使いましょう。

Warmup

準備運動

鎖骨の開放

鎖骨には、老廃物の出口があります。
まずは鎖骨の詰まりをとって出口を開き、
老廃物を流す準備からはじめましょう。

STEP 1

左右10回ずつ

右手の親指と人差し指の第二関節で、
左の鎖骨をつかみます。
鎖骨に親指をくいこませながら、
内から外に指を10回滑らせます。
反対側も同じように行います。

CHECK

親指の腹を
鎖骨にあてて滑らせます。

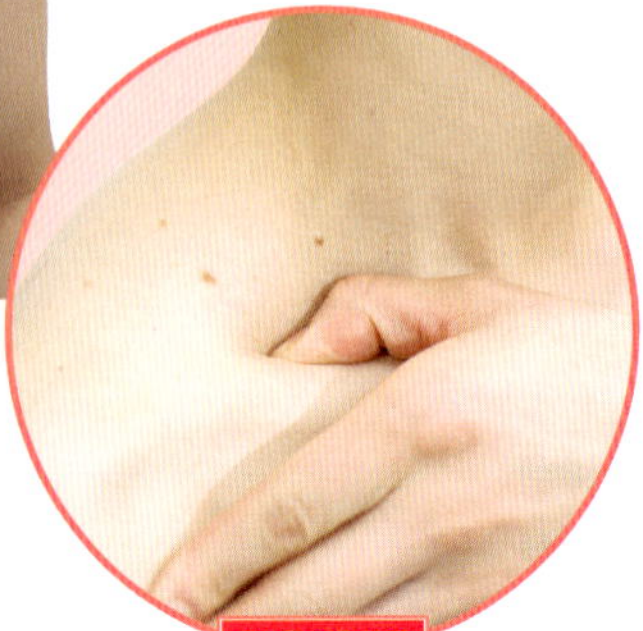

POINT

親指を鎖骨に
しっかりくいこませましょう。

STEP 2

右手の中指を左の鎖骨の下にあて、
強く押しながら鎖骨に沿って、
内から外に指を10回滑らせます。
反対側も同じように行います。

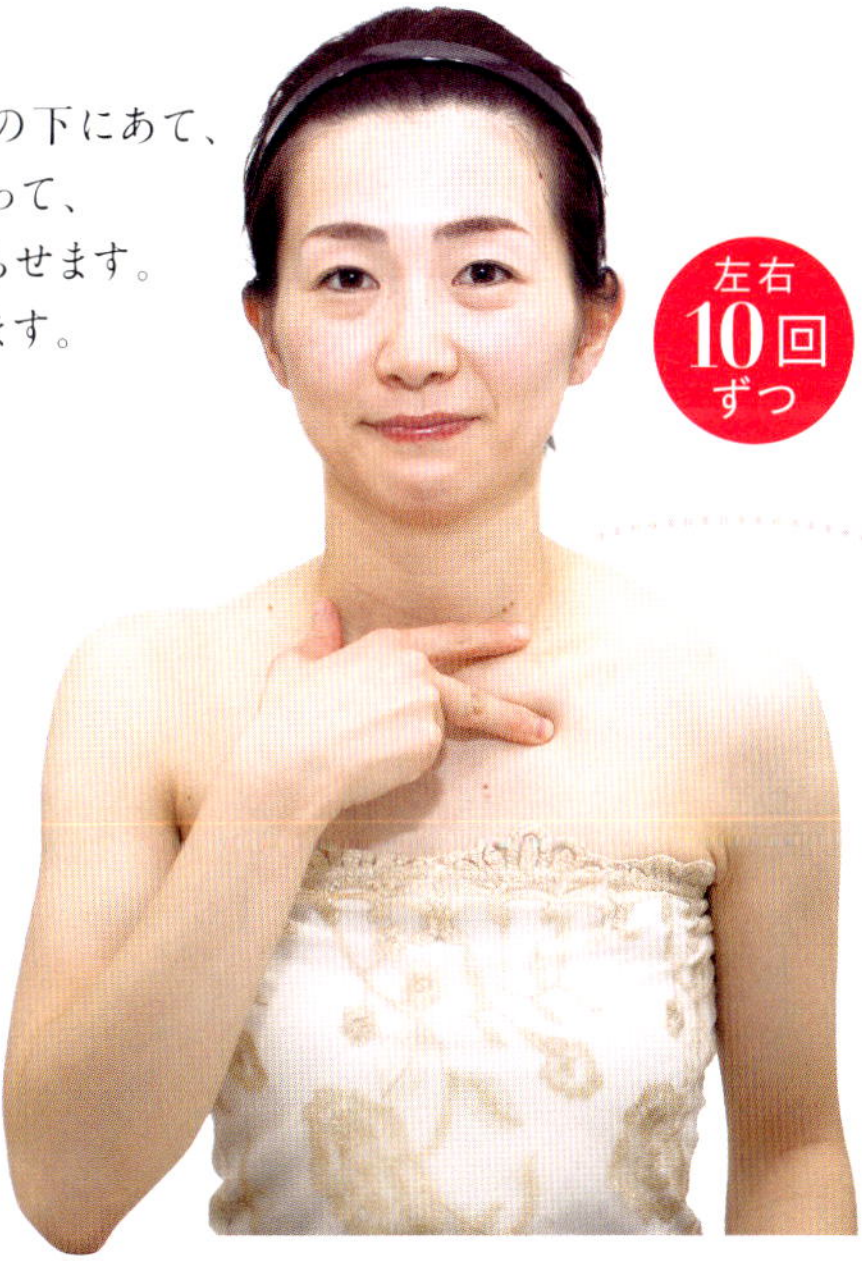

左右
10回
ずつ

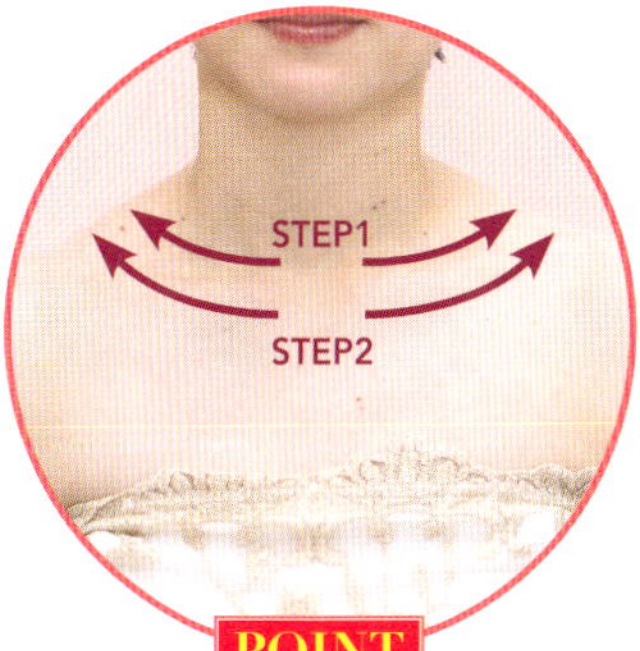

POINT

STEP1、STEP2、どちらも
矢印の方向に指を滑らせます。

計
5回

STEP 3

利き手の中指と薬指を
下に向けた状態で
胸の谷間より
少し上の部分にあて、
5cmほど下に指を滑らせます。
老廃物を一つ残らず
全部押し出す
気持ちで行いましょう。

※中指と人差し指でもOK。
やりやすいほうで行いましょう。

動画で確認!

頬のひっぺがし

頬全体の筋膜の癒着を引きはがします。
頬のたるみや肥大、毛穴の目立ちなどが解消され、
内側からふっくらとした
みずみずしい「ツヤ肌」が手に入ります。

1-1

STEP 1 左右1回ずつ

テーブルに右のひじをついて、
そのままの状態でこぶしをつくり、
人差し指の第二関節を右の口角の下にあてます。
身体を前に倒して手に体重をかけ、
フェイスラインに向かって、
第二関節でカタカナの「レ」を書くように、
頬をはじいていきます。

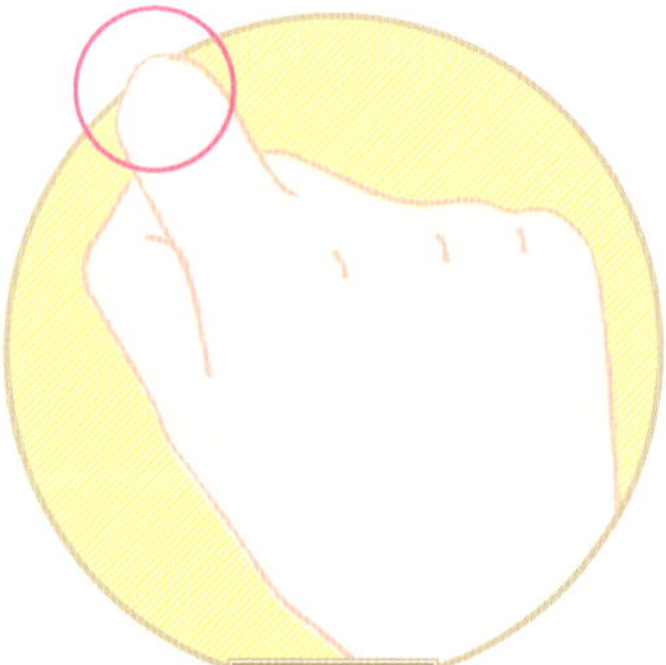

CHECK

はじくとき、肌の奥に
しっかり指をくいこませましょう。

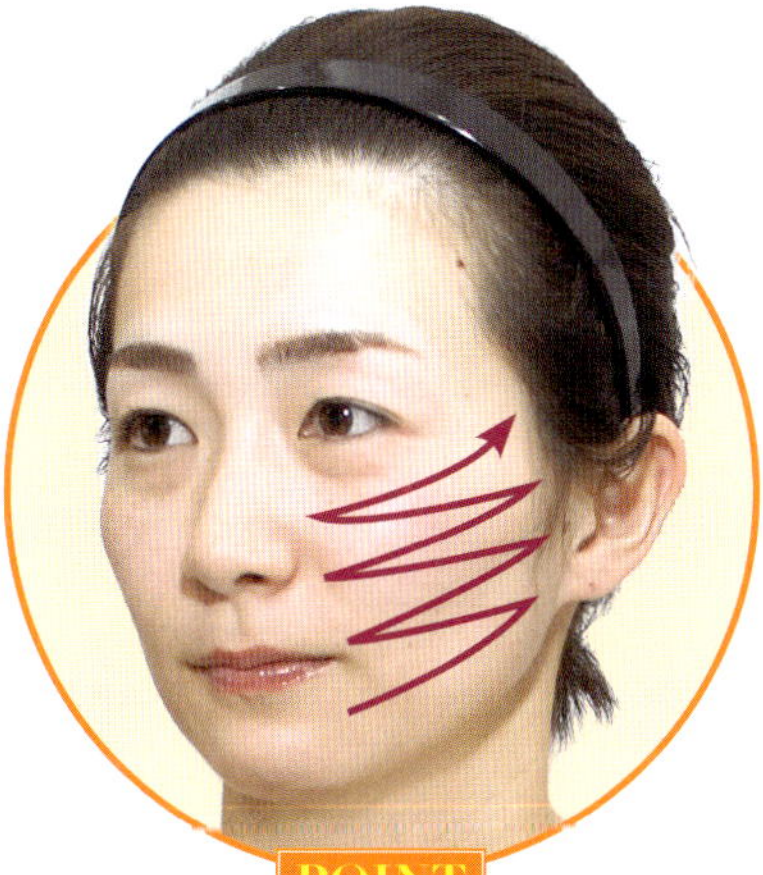

POINT

図のように、3往復半、
頬全体をほぐします。

NEXT STEP

1-3

1-2

口角の下からスタートし、ジグザグに3往復半、
頬全体をまんべんなくほぐします。
反対側も同じように行います。

STEP 2 計1回

両ひじをテーブルについたら、
その状態のまま、
両手を口と鼻の横に添えます。
手に体重をかけながら、
頬全体にアイロンをかけるように、
耳まで手を滑らせます。

2-1

2-2

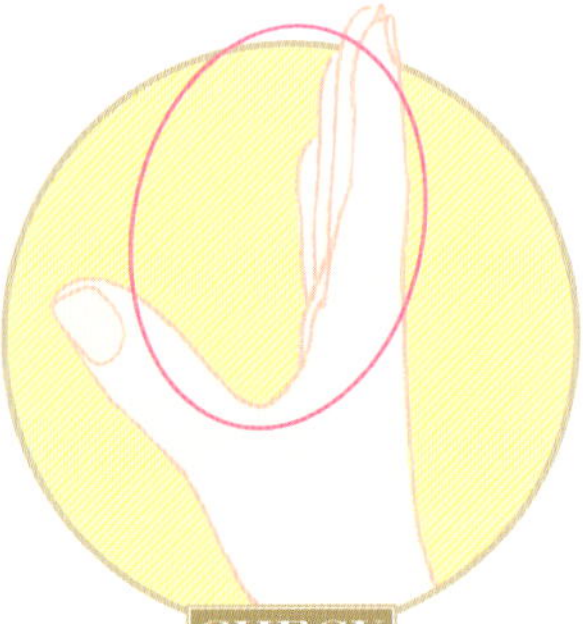

CHECK

親指と人差し指の側面を
肌にしっかり密着させましょう。

第二関節と指の付け根の関節の間を
肌にしっかり密着させましょう。

2-4

手をそのまま、耳の後ろまでもっていき、
両手でこぶしをつくったら、
第二関節と指の付け根の関節の間を
耳の後ろにあてます。
そのまま、鎖骨へと
こぶしを滑らせます。

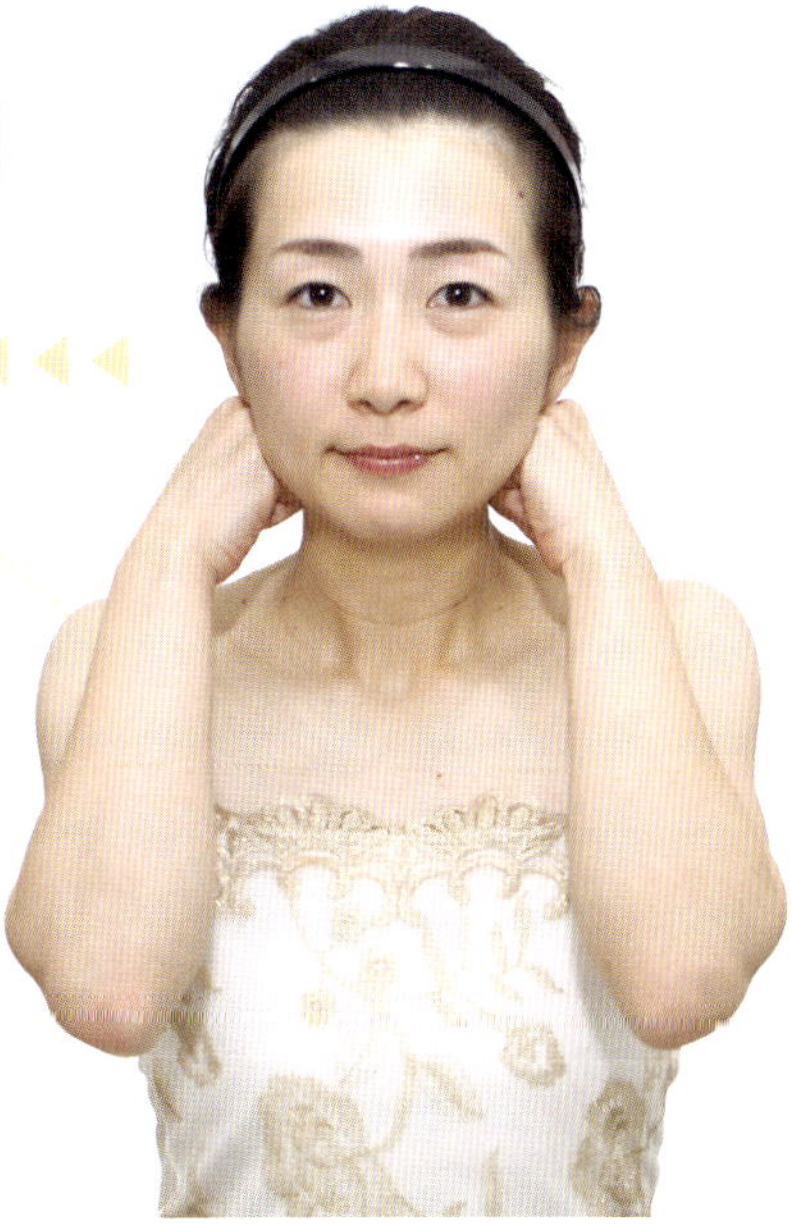

2-3

動画で確認!

目のまわりのひっぺがし

2.

眼輪筋の癒着を引きはがします。
スマホの見過ぎなどによる目の疲れが解消されて、
ぱっちりした目元になります。

STEP 1 約10秒

両ひじをテーブルについて、
その状態のまま両手の親指の腹を、
眉頭から鼻筋にかけての、
眼輪筋にあてます。
親指に体重をかけながら、
小さく円を描くようにほぐします。

POINT

指を眼輪筋に
ぴったりと密着させ、
体重をかけましょう。

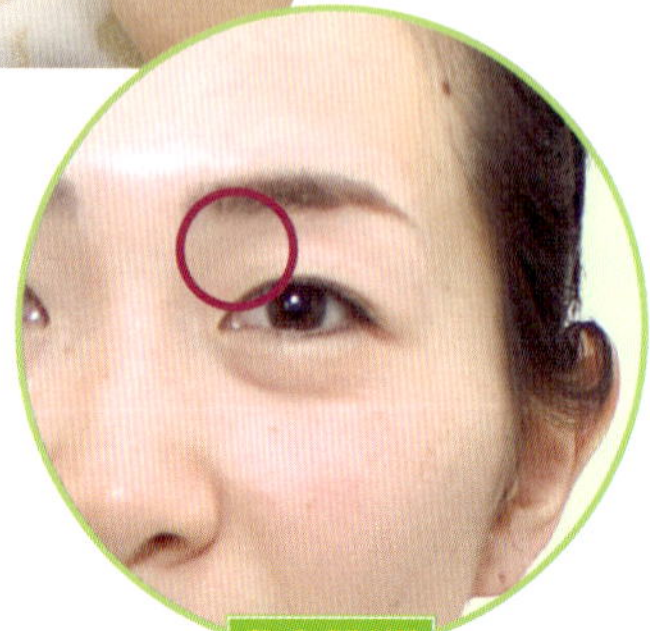

POINT

触って奥にあるコリッとする箇所を
見つけてほぐしましょう。

CHECK

使うのは、
親指の腹の部分です。

STEP 2

右のひじをテーブルについて、
その状態のまま、
右の眉骨を
親指と人差し指で
つかみます。

左右
5回
ずつ

2-1

2-2

体重をかけながら、
眉尻に向かって、
歯磨き粉のチューブを
指で絞り出すように、
ゆっくりと丁寧に
指を5回滑らせます。
皮膚だけをつかんで
上滑りしないよう、
親指と人差し指で眉骨を
しっかりつかみましょう。
反対側も同じように行います。

動画で確認！

口のまわりのひっぺがし

3.

口のまわりの筋膜の癒着を引きはがします。
ほうれい線やマリオネットラインといった、
疲れた印象を与える「老けライン」を目立たなくし、
肌にハリ感をもたらします。

STEP 1

約10秒

両手の人差し指で、
ほうれい線の上の
小鼻の横に指を押しあて、
小さく円を描くようにほぐしましょう。

POINT

ほうれい線の上の
小鼻の横にある硬くなった
筋肉をほぐします。

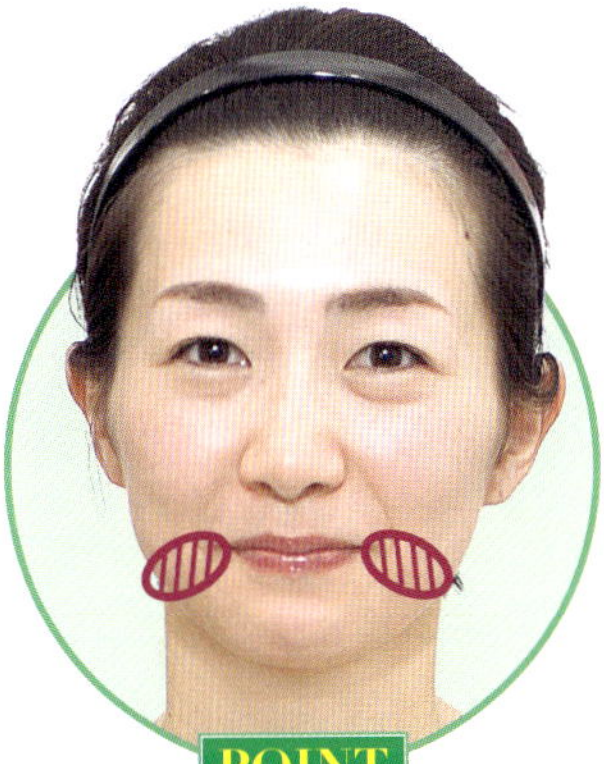

POINT

笑筋は人によって位置が異なります。
親指を下に滑らせたときに
コリっとする箇所を見つけましょう。

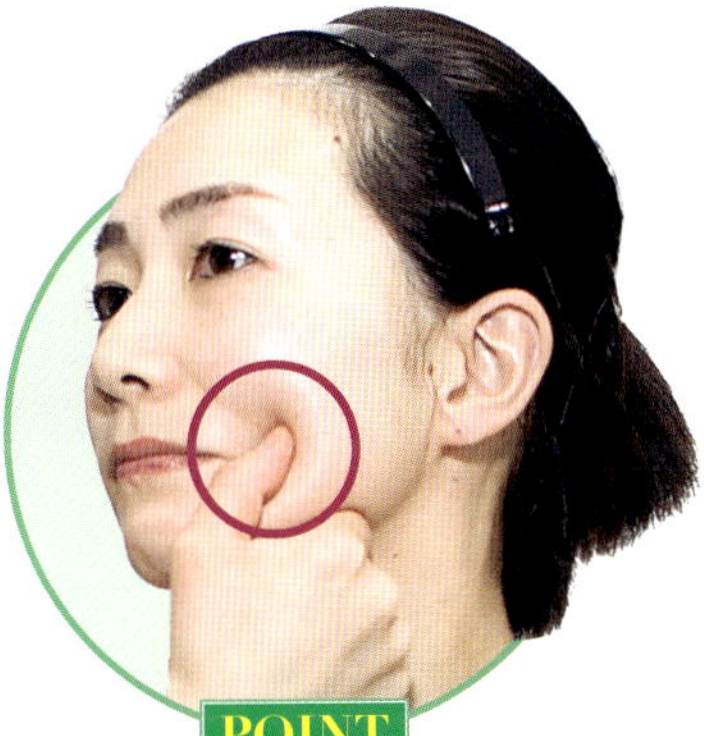

POINT

親指を肌に
しっかりくいこませましょう。

NEXT STEP

左右10回ずつ

STEP 2

右手でこぶしをつくったら、
親指を左の口角に、
人差し指の第二関節を
あごの左下にあてます。
そのまま、下に向かって、
親指を滑らせ、
笑筋を10回、ほぐしましょう。
反対側も同じように行います。

STEP 3

右手の親指を口のなかに入れて、
親指以外の4本の指を
左の頬の表面に添えます。
親指と4本の指で頬を
しっかり挟むようにし、
ほうれい線に沿って、
4本の指でアイロンをかけるように
上から下にほぐします。
続けて、ほうれい線より少し上、
頬骨の上、目の真下を、
上から下にほぐしましょう。
反対側も同じように行います。

POINT

親指を内側から
強く押し出しながら行いましょう。

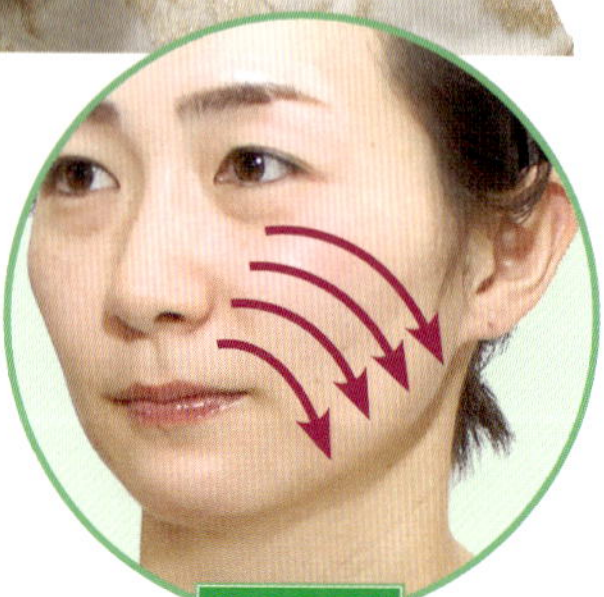

POINT

頬全体を4回に分けて
ほぐしましょう。

STEP 4

計1回

両ひじをテーブルについたら、
その状態のまま、
両手を口と鼻の横に添えます。
手に体重をかけながら、
頬全体に
アイロンをかけるように、
耳まで手を滑らせます。

4-1

4-2

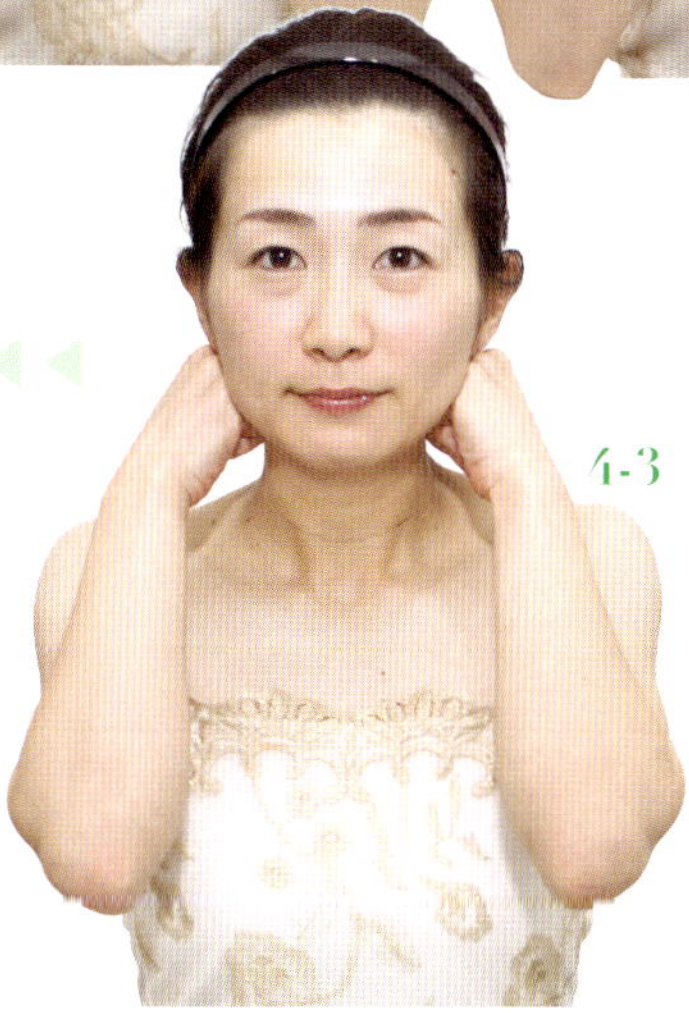

4-3

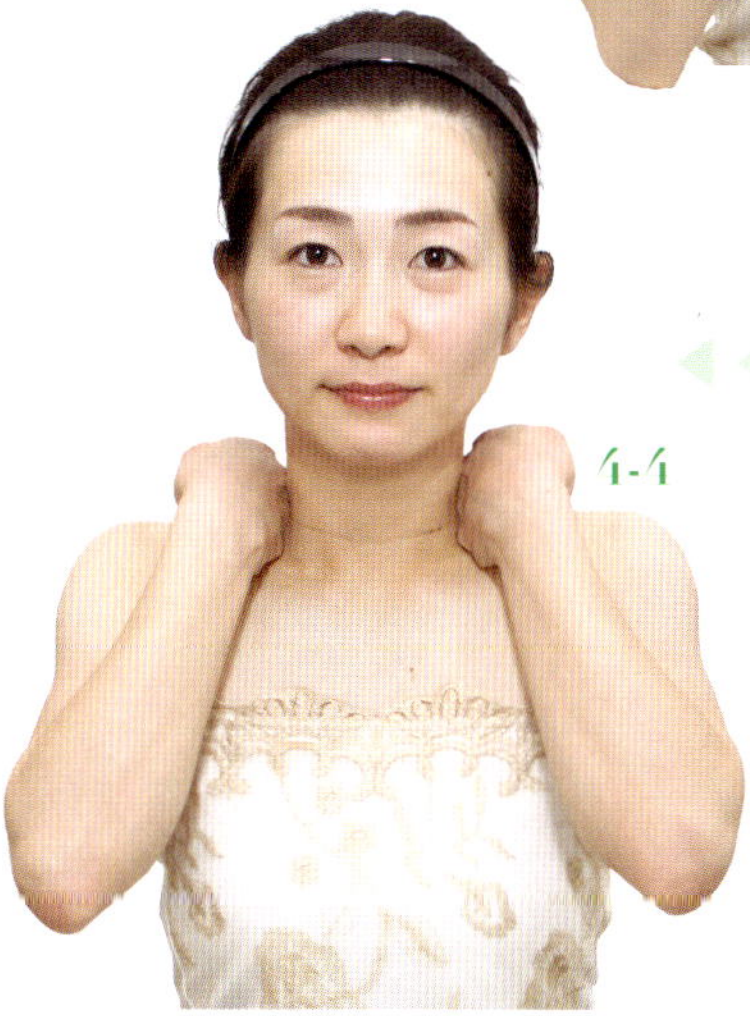

4-4

手をそのまま、耳の後ろまでもっていき、
両手でこぶしをつくったら、
第二関節と指の付け根の関節の間を
耳の後ろにあてます。
そのまま、鎖骨へとこぶしを滑らせます。

動画で確認！

輪郭のひっぺがし

輪郭の筋膜の癒着を引きはがして、引き締まった小顔を取り戻します。
輪郭のひっぺがしは、パーツごとに、
①おでこ ②頭皮 ③あごの順で行います。

おでこのひっぺがし

1-1

STEP 1 計1回

両ひじをテーブルについて手を軽く握り、
親指以外の4本の指の
第一関節と第二関節の間を
おでこの生え際にあてます。
手に体重をかけながら、
こぶしを眉に向かって下に滑らせます。

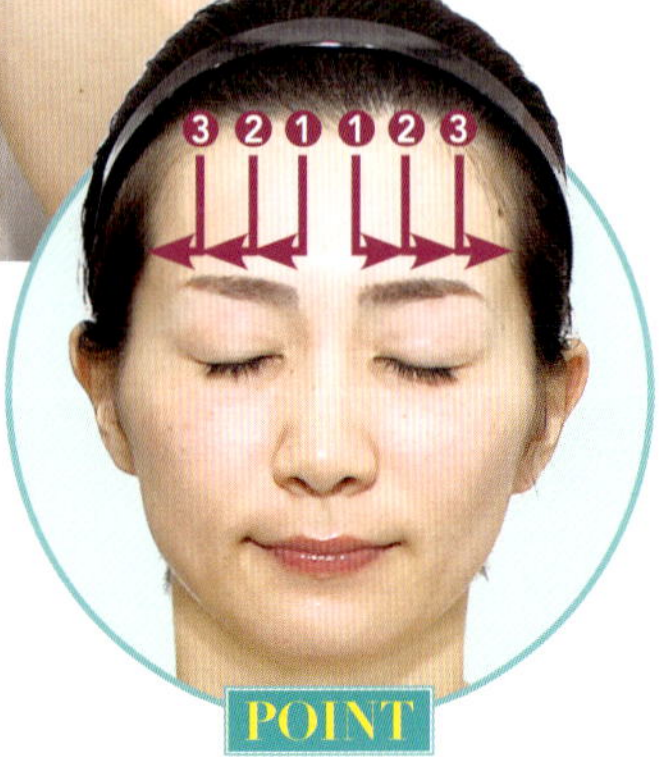

POINT

3回に分けて、
おでこ全面をほぐしましょう。

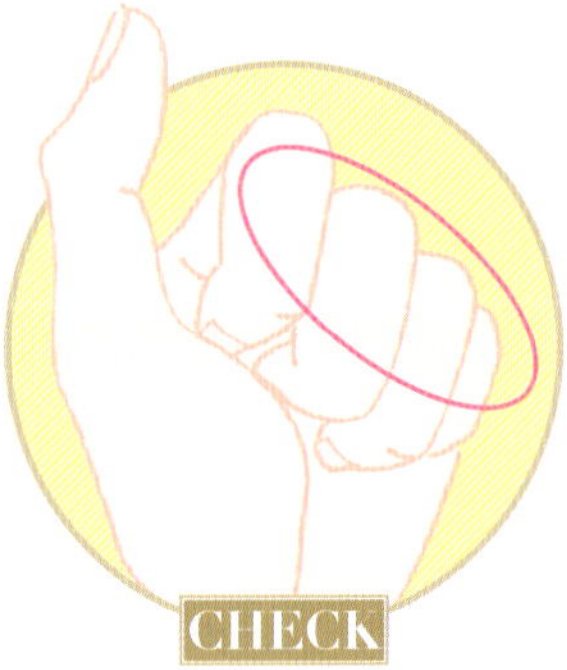

CHECK

第一関節と第二関節の間に
体重をしっかりかけましょう。

眉の上までこぶしがきたら、
そのままこめかみまで
こぶしを横に滑らせます。
続けて、スタートする位置を
少し外側にずらし、
同じように眉上、
こめかみへとこぶしを
滑らせます。
また、スタートする位置を
少し外側にずらし、
同じように眉上、
こめかみへとこぶしを
滑らせます。

1-3

1-2

NEXT STEP

計1回

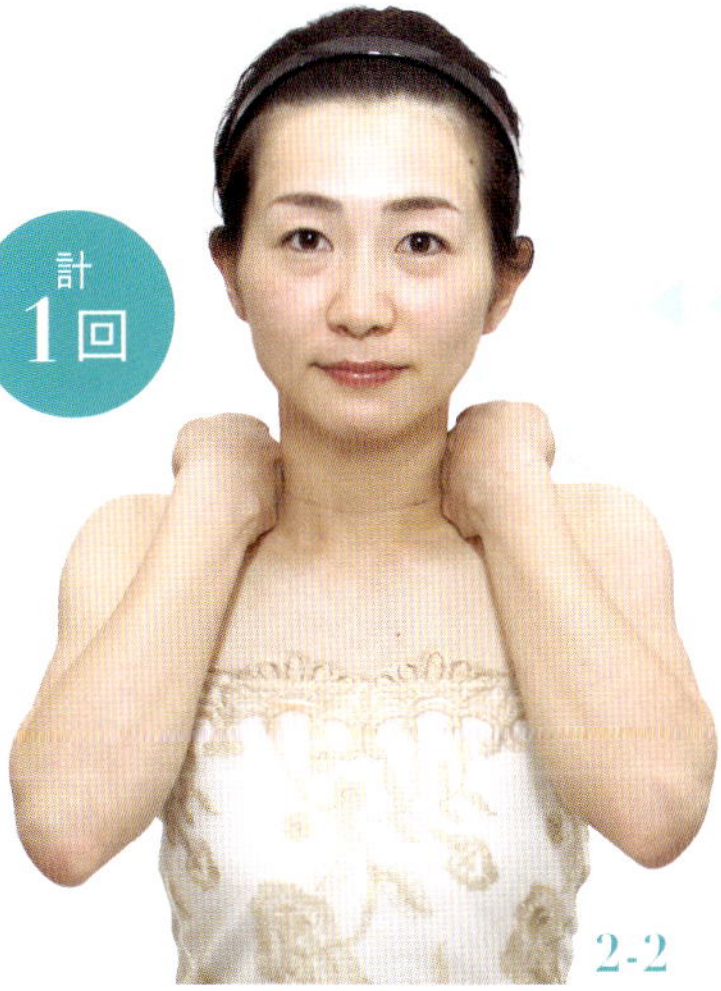

2-2

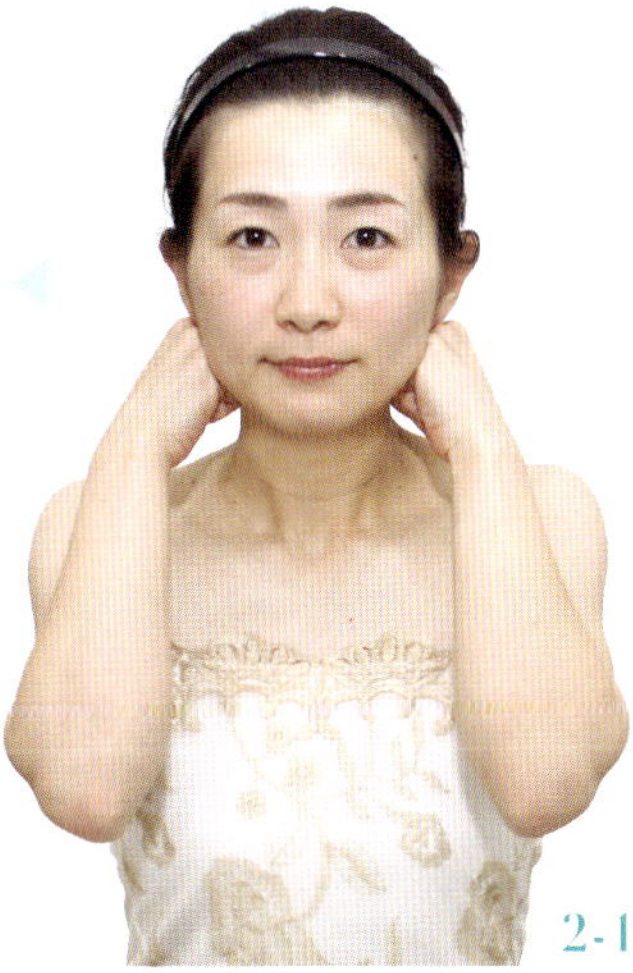

2-1

STEP 2

STEP1を終えたら、そのまま、耳の後ろへとこぶしを滑らせ、
親指以外の4本の指の第二関節と指の付け根の間を、
耳の後ろにあてます。
そのまま鎖骨へとこぶしを滑らせます。

STEP 3 頭皮のひっぺがし

両ひじをテーブルについて、
その状態のまま、
両手でこぶしをつくり、
親指以外の4本の指の
第一関節と第二関節の間を
おでこの生え際にあて、
手に体重をかけます。
こめかみに向かって、
こぶしを左右に小刻みに
揺らしながら、
前頭筋をほぐしていきます。

計1回

POINT
生え際に沿って、
内側から外側へ
ほぐしましょう。

POINT
側頭筋の位置を
意識してほぐしましょう。

STEP 5

約15秒

両手のこぶしの親指以外の
4本の指の第一関節と
第二関節の間を頭にあて、
STEP3、STEP4と同じように、
こぶしを左右に
小刻みに揺らしながら、
頭皮全体をランダムにほぐします。

POINT

頭蓋骨から皮膚をはがすイメージで、
頭全体をしっかりほぐしましょう。

STEP 4

左右約15秒ずつ

左手のこぶしの親指以外の4本の指の
第一関節と第二関節の間を
おでこの生え際に、
右手のこぶしを耳の上にある
側頭筋の中心にあてます。
STEP3と同じように、こぶしを左右に
小刻みに揺らしながら、側頭筋を、
ランダムにほぐしていきます。
このとき、生え際にあてたこぶしも一緒に
左右に揺らすと、よりほぐしやすくなります。
反対側も同じように行います。

あごのひっぺがし

6-1

STEP 6

左右5回ずつ

両ひじをテーブルについて
右手の親指と人差し指の第二関節で
あごをつかんで顔が動かないよう固定し、
左手の親指と人差し指で、
あごの左側をつかみます。

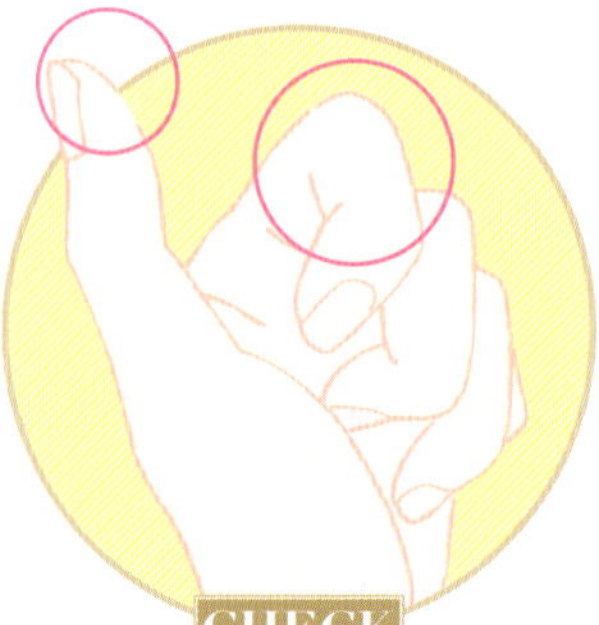

CHECK

親指と人差し指で
あごをしっかりつかみましょう。

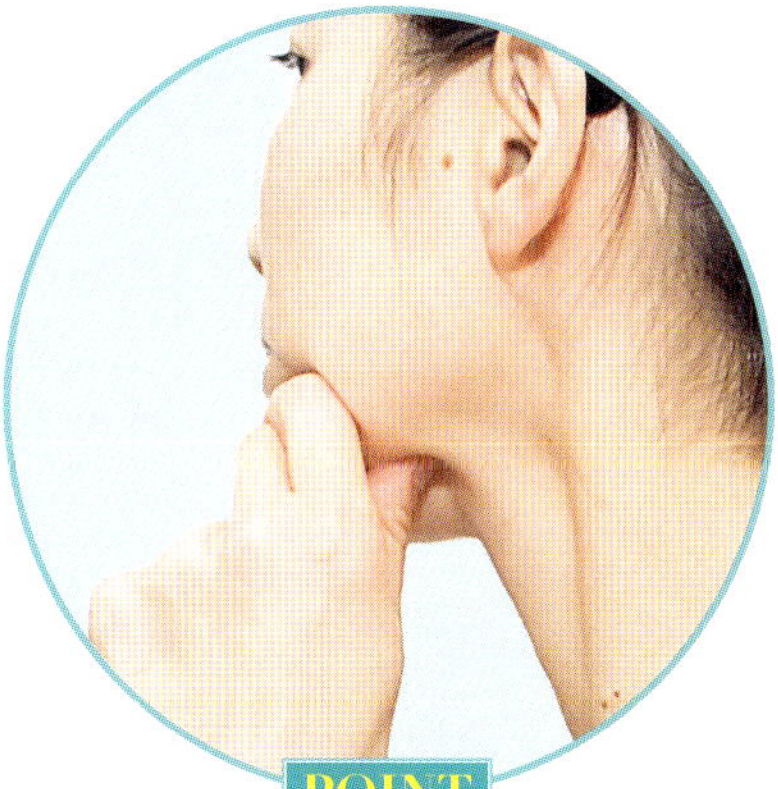

POINT

骨の内側に親指を強く、
くいこませながら、滑らせましょう。

そのまま、左手の親指と
人差し指を骨に
沿って5回、滑らせます。
反対側も同じように行います。

6-2

動画で確認！

Cooldown

整理運動

耳まわし

最後に顔の筋肉を緩める整理運動です。
耳にたくさんあるツボに刺激を与えることで、
顔全体の血流がよくなり、
老廃物が流れやすくなります。

STEP 1

前に15回
後ろに15回

両手でこぶしをつくり、
親指と人差し指の間で、
耳の付け根をしっかりとつかみます。
そのまま、前に15回、耳をまわしましょう。
続けて、後ろに15回、まわします。

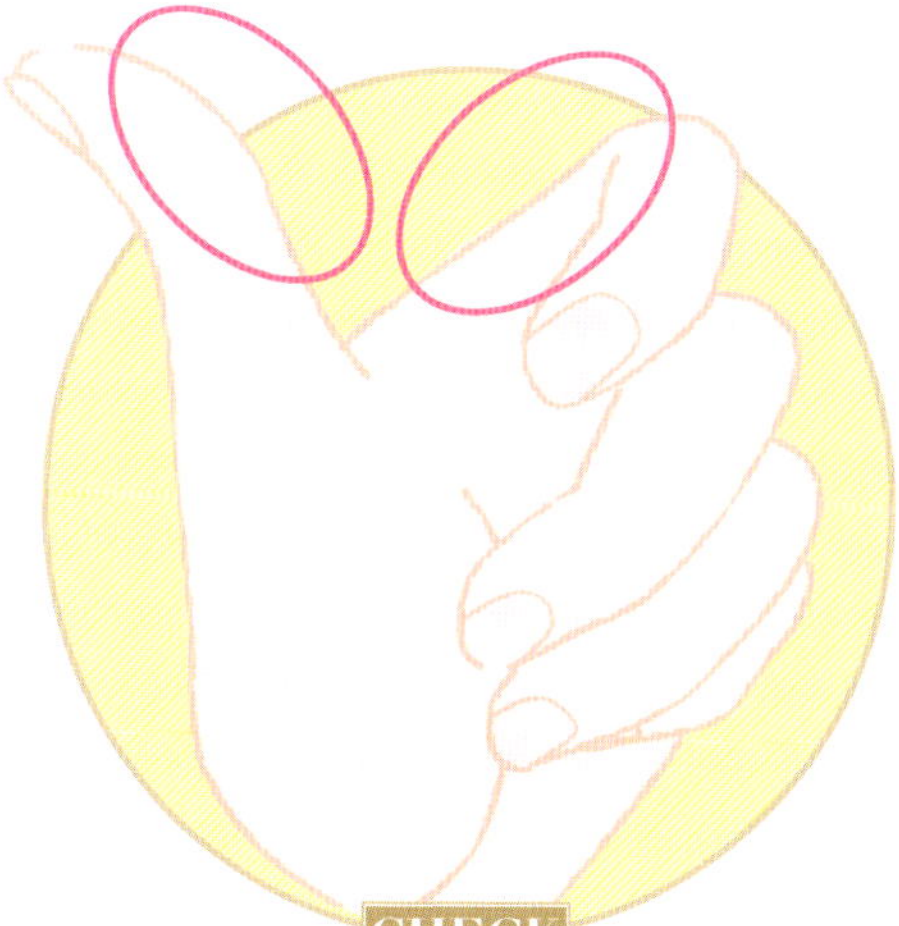

CHECK

指先ではなく、親指と人差し指全体で
しっかりと耳の付け根をつかみましょう。

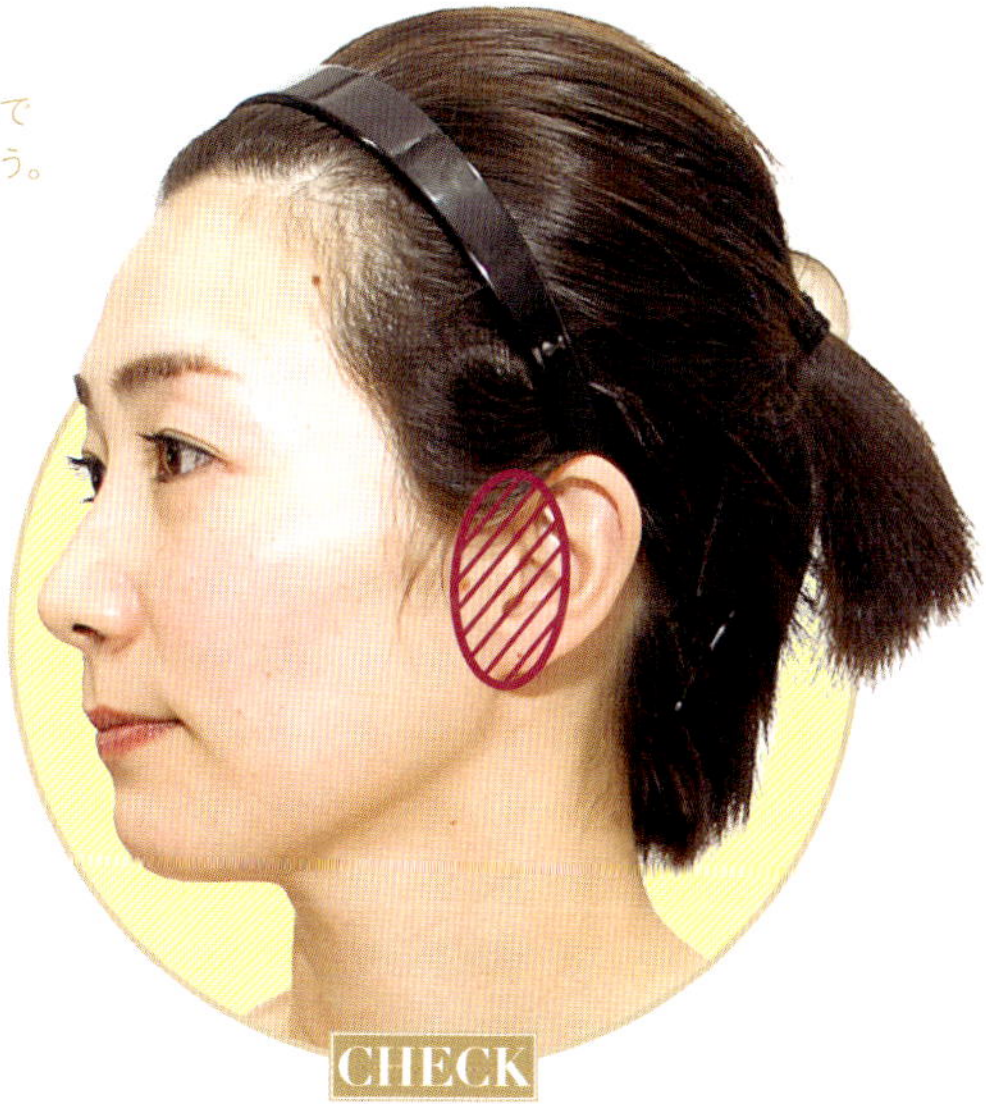

CHECK

耳の付け根をつかんで
前と後ろに大きくまわしましょう。

動画で確認！

顔筋ひっぺがしメソッドの組み合わせ方法

準備運動

↓

❶	❷	❸	❹
頬のひっぺがし	目のまわりのひっぺがし	口のまわりのひっぺがし	輪郭のひっぺがし

↓

整理運動

気になる部位（❶〜❹）だけでも、
❶〜❹すべてを行ってもOK！

※例えば、「頬のひっぺがし」を行う場合は、「準備運動→頬のひっぺがし→整理運動」の順で、「目のまわりのひっぺがし」と「口のまわりのひっぺがし」の二つを行う場合は、「準備運動→目のまわりのひっぺがし→口のまわりのひっぺがし→整理運動」の順で行いましょう。

※❶〜❹をすべて行う場合は、❶の前に準備運動を、❹のあとに整理運動を行いましょう。

chapter 3

顔筋ひっぺがしの効果をより引き出す秘密のスキンケア

顔筋ひっぺがしの効果をさらに高めるには、
正しいスキンケアが大切です。
「マイナスケア」で、
さらにキレイな肌を手に入れましょう。

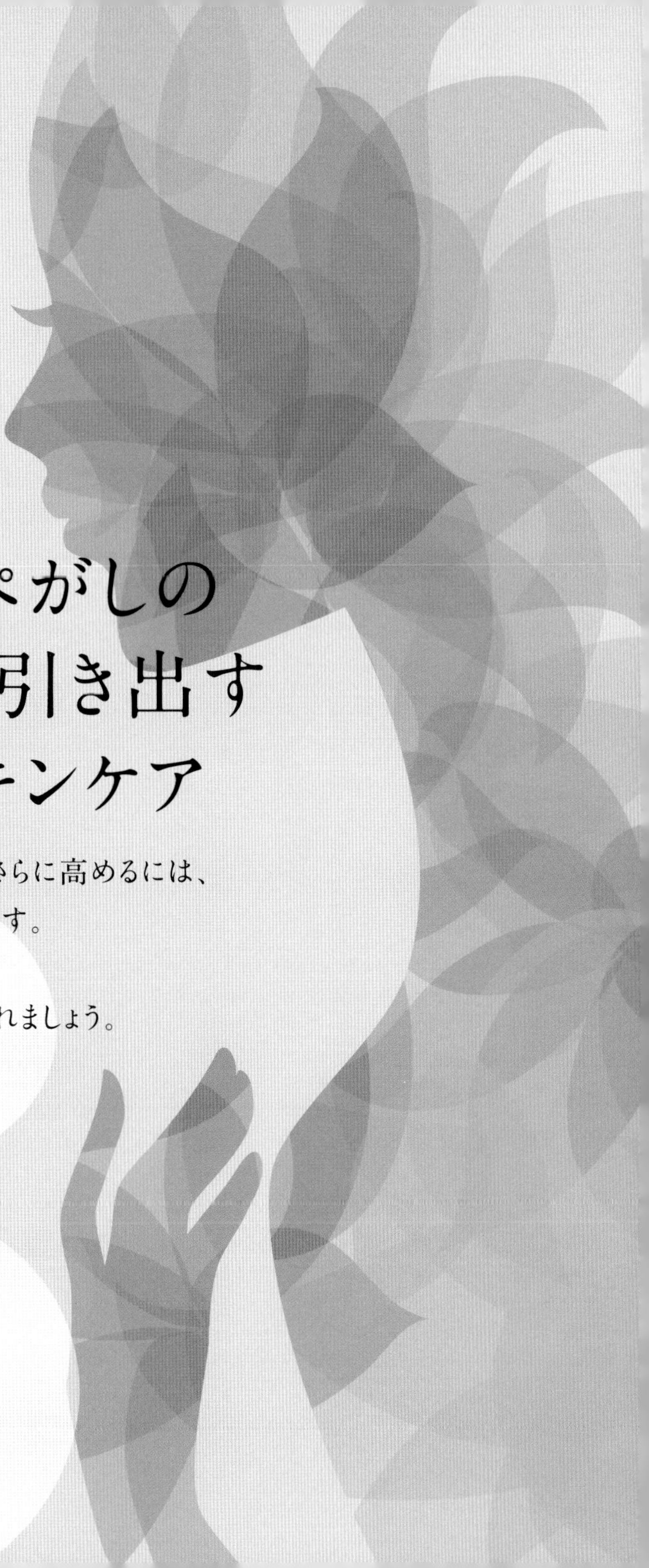

10万円よりも1000円のスキンケア用品のほうがいい!?

顔筋ひっぺがしの効果を高めるために、ぜひ知っていただきたいのが、「マイナスケア」です。顔筋ひっぺがしと「マイナスケア」を組み合わせることで、顔筋ひっぺがしの効果をさらに実感できます。

突然ですが、あなたは10万円のスキンケア用品と1000円のスキンケア用品、どちらかをプレゼントしてくれるといわれたら、どちらを選びますか?

多くの人が「10万円のスキンケア用品」と答えると思います。

しかし、私が提唱するスキンケア法は、「1000円のスキンケア用品」を選ぶことが正解です。

なぜなら、**10万円のものより1000円のもののほうが、配合されてい**

る成分がシンプルなケースが多いからです。

高価なスキンケア用品には最新の美容科学に基づいた、肌にとって素晴らしい成分が入っていることは事実でしょう。

「これだけ高額なんだから、効果も期待できるに違いない」と信じ、思わず手を伸ばしたくなりますよね。

でも、そんなスキンケア用品ほど、配合成分が複雑で、安定剤などの肌に不要なものが含まれている場合が多いのです。

しかし、これはあくまで傾向であり、すべての高価なスキンケア用品がダメで、すべての安いスキンケア用品がいいというわけではありません。

だからこそ、スキンケア用品を購入するときは成分表示を確認するようにしましょう。

日本で発売されているスキンケア用品は成分表示が義務付けられているので、パッケージの裏面を見れば主にどんな成分が含まれているかわかります。

「スキンケア用品を買うときに、パッケージの裏側なんて見たことがない」という人もいると思いますが、ちょっとだけ成分表示を見るクセをつけてみてください。化粧水一つとってみても、製品によって含まれている成分が違うことがわかるはずです。

しかし「裏側に書いてある成分の名前を見ても何がいいのか悪いのか、さっぱりわからない」と思う人も多いでしょう。

私が気をつけている成分の一部を紹介します。

- ラウリル硫酸ナトリウム
- ジメチコン
- ステアリン酸グリセリル
- BHA
- 香料

これらの成分は、自己回復力や免疫力を低下させてしまう恐れがあるといわれています。

そのほかに注目すべきは、成分名ではなく「成分の数」です。

スキンケア用品は、肌にいい成分ばかりではなく、肌に不要な成分も含まれていることはすでにお話ししました。

製品化するのが難しい天然由来の貴重な成分ほど、その成分を安定させるために防腐剤などの不要な成分が多く含まれやすい傾向があります。

成分表示は多く使われている順に書かれていますので、化学成分がはじめのほうに書いているものは特に注意したほうがいいでしょう。

肌が本当に求めているのは、肌にいい高価な成分よりも、肌に不要な成分が極力少ないスキンケアです。

10万円のものよりも1000円のスキンケア用品のほうが、肌が嫌がる成分を含んでいない可能性が高いというわけです。

だからこそ、「高価なものはどいい」と安易に考えずに、配合されている成分に注目して選ぶことが重要です。

肌に必要なのは水分のうるおい

乾燥肌で悩んでいる方は非常に多いですが、その原因の多くは洗顔時の「洗いすぎ」にあります。

あなたは、いつもどんな方法で洗顔をしていますか？　改めて振り返ってみてください。

一日の終わりにメイクや皮脂汚れを落として肌をリセットすることは大切ですが、メイクをしっかり落とそうと肌に刺激の強いクレンジング料をゴシゴシと塗り込んで顔を洗ったあと、さらに肌に負担をかけるかのように洗顔料をたっぷり使って、またゴシゴシと洗う……。

そんなことが日常化していませんか？

そもそも、ダブル洗顔は、肌に必要なうるおいまでも落としてしまいます。洗顔後に肌がつっぱってしまうのはそのためです。

そのつっぱった肌を保湿しようと化粧水を塗り、さらにそれだけでは足りず、乳液やクリームといった油分を上からたっぷりと塗っている方は多くいらっしゃいます。

油分の入った化粧品を塗ると、肌がうるおったように感じたり、ツヤが出たような気になりますが、実際は油分で肌をコーティングしているだけの状態です。

キレイな肌を手に入れるために必要なのは、肌の内側から輝く、水分に満ちたみずみずしいツヤです。

水分を多く含む肌は、もちもちとした感触で弾力があり、透明感と自然なツヤがあります。

そんな肌をつくるために**スキンケアで大切なのは水分を補給すること**です。

洗顔後は、化粧水やジェルで、肌にたっぷりと水分を与えてあげましょう。

「保湿クリーム」の落とし穴

あなたは、朝起きてから夜寝るまで、いくつのスキンケア用品、化粧品を使っていますか？

朝起きて、洗顔料を使って顔を洗い、そのあとに、化粧水、乳液、日焼け止め、下地クリームにファンデーション……。夜は、メイク落としに洗顔料、化粧水に美容液、乳液、オイル。さらにはポイント別のクリームを重ね塗り……。

それでもなお「乾燥する」と嘆いている方はたくさんいらっしゃいます。

これは、**明らかに「塗りすぎ」**です。

私が「マイナスケア」にシフトしてから十数年が経ちますが、スキンケアに使うのは真皮層に栄養を与えるための美容液と肌に必要なうるおいを与えるための化粧水のみです。

肌に悩みがないのでファンデーションも使いません。メイクはほとんどポイントメイクのみ。肌のうるおいを必要以上に落とすダブル洗顔もしません。

こんなシンプルなスキンケアで満足できるようになったのは、顔筋ひっぺがしメソッドで、肌の自己回復力が戻ったからです。

日本人は乾燥肌の方がとても多く、「保湿さえしていれば大丈夫」と思っている方が多いようですが、それは間違いです。

保湿成分を与えることよりも、肌がもともと持っている、自分の力でうるおう力を育むべきです。

スキンケアでは水分のうるおいが重要だとお話ししましたが、次に気を付けなければいけないのが、**乾燥を防ぐとされる「油分」の過剰塗布**です。

油分の多いスキンケア用品は、肌に蓋をしてしまうので、皮膚呼吸の妨げになります。

それを知らず、油分たっぷりのクリームを毎日塗っているようでは、肌の自己回復力は衰える一方で、乾燥肌が根本的に改善されることはありません。

もっとも不必要なのは、オイルが主成分のナイトクリームや油分がたっぷり配合されているオイルです。

顔筋ひっぺがしを実践する際に、「普段、スキンケアにオイルを使っているので、ジェルではなく、オイルを使ってもいいですか?」と聞かれることが多いのですが、このときも「オイルは絶対に使わないでください」と、答えています。

肌に必要な油分は、わざわざ化粧品で与えなくても、肌が自らつくり出すことができます。

油分を外から与えたり、洗いすぎにより奪ってしまうケアは、肌を甘やかし、肌が本来持っている元気になる力を低下させることにつながります。

顔筋ひっぺがしメソッドをマスターすれば、スキンケア用品を何種類も使わなくても、肌は本来の力でうるおうようになり、着実にキレイになっていきます。

そうなれば、あなたのスキンケア用品や化粧品の数は、自然とどんどん減ることになるでしょう。

油分の過剰塗布に要注意！

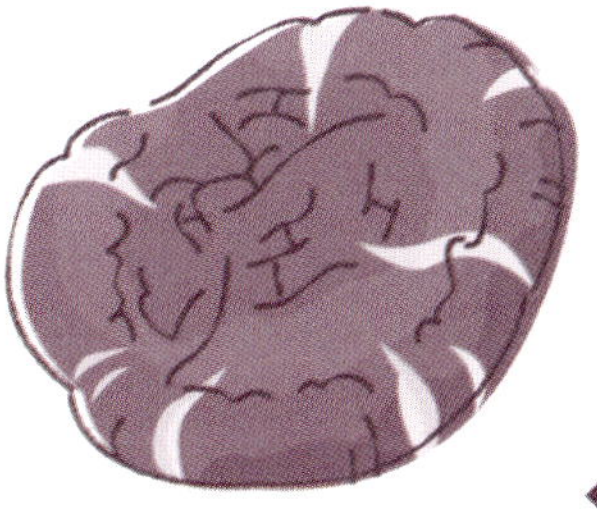

肌は乾燥シイタケに
似ています。
乾燥シイタケを使うとき、
たっぷりの水で戻しますよね。

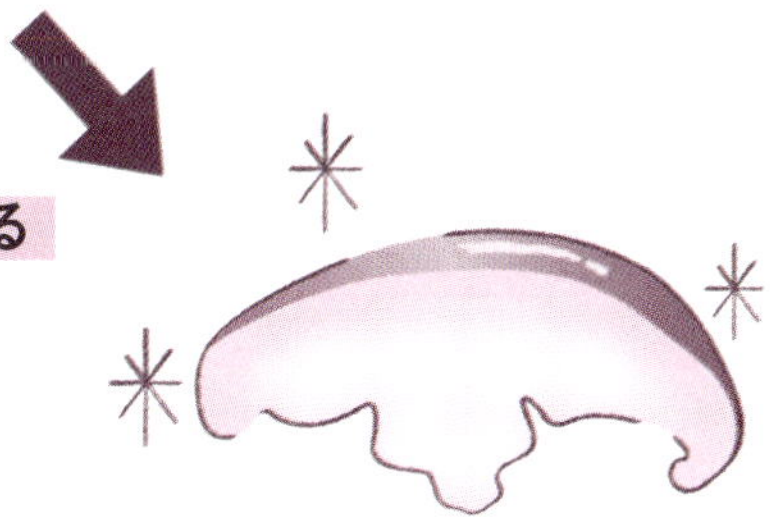

水がなかまで
浸透することによって、

- **なかまでふっくらする**
- **シワが消える**
- **弾力が出る**

状態になります。

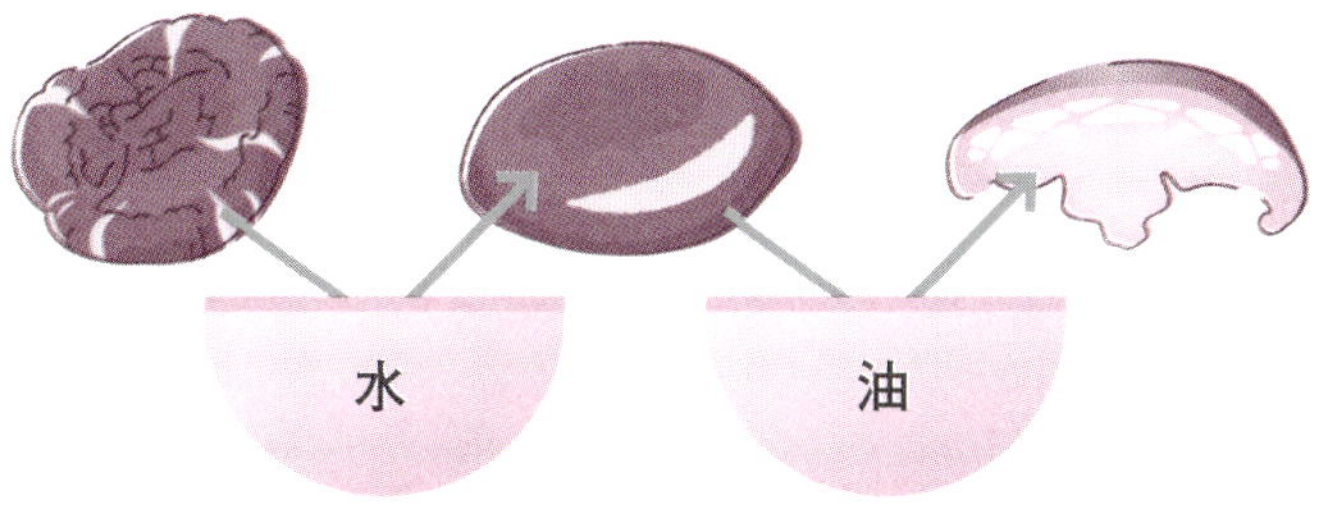

**乾燥シイタケを水にくぐらせたあとに油を塗っても、
なかはスカスカのままであるように、
乾燥している肌も、水（化粧水）をつけたあと
油分（乳液やクリーム、オイル等）でいくらコーティングしても、
肌の表面が油によってツヤツヤ光っているように見えるだけで、
肌自体は実際にはうるおっていません。**

肌が喜ぶスキンケアを意識する

肌には皮脂腺があり、汗と皮脂が交わることで皮脂膜という保護膜ができ、私たちの肌を守ってくれます。

しかし、肌の自己回復が低下すると、汗も皮脂も出なくなって保護膜がなくなり、肌が乾燥してしまうのです。

保護膜を取り戻すために、洗顔方法を見直すことからはじめましょう。

洗浄力が強すぎるものや肌のうるおいを過剰に落としやすいオイルクレンジングを使っている方は、まずは肌への刺激が少ないジェルクレンジングやウォータークレンジングに切り替えてみましょう。ダブル洗顔をしないようにお湯やせっけんで落とせるメイクアイテムを使うのも一つの方法です。

また、**毎日同じアイテムを使ったり同じようにケアするのではなく、その**

ときの肌の状態をきちんと見て適切にケアするのがポイントです。

例えば、いつもよりメイクが軽めだった日は、いつもと同じように時間をかけてクレンジングする必要はありません。

「これを使って洗えばOK」「毎日これで保湿すればOK」と、惰性で使用している人も多いですが、「なぜ、これを使うのか」とアイテムの意味を考えて使用するよう心がけてみてください。ほんの少しの意識の差が、大きな違いへとつながっていきます。

私はよくお客様に「肌が喜んでいますね」という表現をしますが、そう伝えると決まって「肌が喜ぶって、どういうことですか？」と聞かれます。

「肌が喜ぶ」とは、肌の自活力が目覚めていくことを意味します。

スキンケアをするときは、「いま、自分の肌は喜んでいるか」を感じてみてください。肌が本当に喜んでいるなら、乾燥することも、赤みが出ることも、毛穴が開くこともありません。

つまり、本当に必要なスキンケアだけを選択できるようになれば、肌は自然とキレイになっていくのです。

肌のためにもスマホはほどほどに

みなさんは、普段スマホをどれくらいの時間、見ますか?

電車のなかや信号待ちをしているわずかな時間でもスマホを眺めているという人は多く、また自宅にいても手が空けばついスマホに手が伸びるという人も少なくありません。

しかし、**スマホの使いすぎは、肌に大きな悪影響を及ぼします**。

携帯の液晶画面から発せられるブルーライトは、可視光線のなかでもエネルギー量が多く、肌にもダメージを与えるといわれています。

ここ数年で「急激にシワが濃くなってきた」「シミやくすみが増えてきた」と感じるのなら、もしかしたらそれは、日常生活で無意識に浴びているブルーライトのせいかもしれません。

ブルーライトはスマホだけでなく、テレビやパソコンなど、あらゆるデジタルデバイスから発せられています。

美肌を目指すなら、就寝前やヒマつぶしの「だらだらスマホ」はご法度です。

また、スマホを見ているときの姿勢は猫背になりやすく、顔も下を向くため、肌のたるみの原因になることもあります。

さらには、一点を集中して見るため、目のまわりの筋肉が緊張して、顔も無表情になりがちです。

1回に見る時間が数分だとしても、チリも積もれば立派な「たるみ」に。スマホの使用はほどほどにするのが、キレイな肌をつくるためには必要なことです。

ちょっとした時間でも姿勢を正し、よい姿勢をキープすれば、首のシワ防止にもつながりますし、スマホを見る時間の一部を人と会話することに回せば、舌や表情筋を使うので顔の筋トレにもなります。

私のサロンには70代の方もたくさんいらっしゃいますが、この年代の方々は、日頃から筋肉を動かすライフスタイルを送っている人と、そうでない人の違いが見た目に顕著に表れます。インドア派の方よりも、おしゃべりや外出が大好きで常に動き回っている人のほうが、目に見えて若々しくイキイキしています。

顔筋ひっぺがしで顔の筋肉がほぐれたら、ぜひスマホを見る時間を少なくし、その分、「表情筋」を意識しながらの人との会話を増やしてみてください。

顔の筋肉がほぐれると、筋肉の稼働域が広がり、表情が豊かになります。

思いきり大きな口を開けて笑えるようになると、自然に人と会話をするのも楽しくなります。

顔筋ひっぺがしは肌がキレイになるだけでなく、あなた自身の魅力もさらに増してくれるのです。

chapter 4

顔筋ひっぺがし Q&A

顔筋ひっぺがしメソッドを実践するなかで
「痛いマッサージに不安がある」

「この方法で本当に合ってるの？」

といった質問をよくいただきます。

ここでは、特に多かったご質問にお答えします。

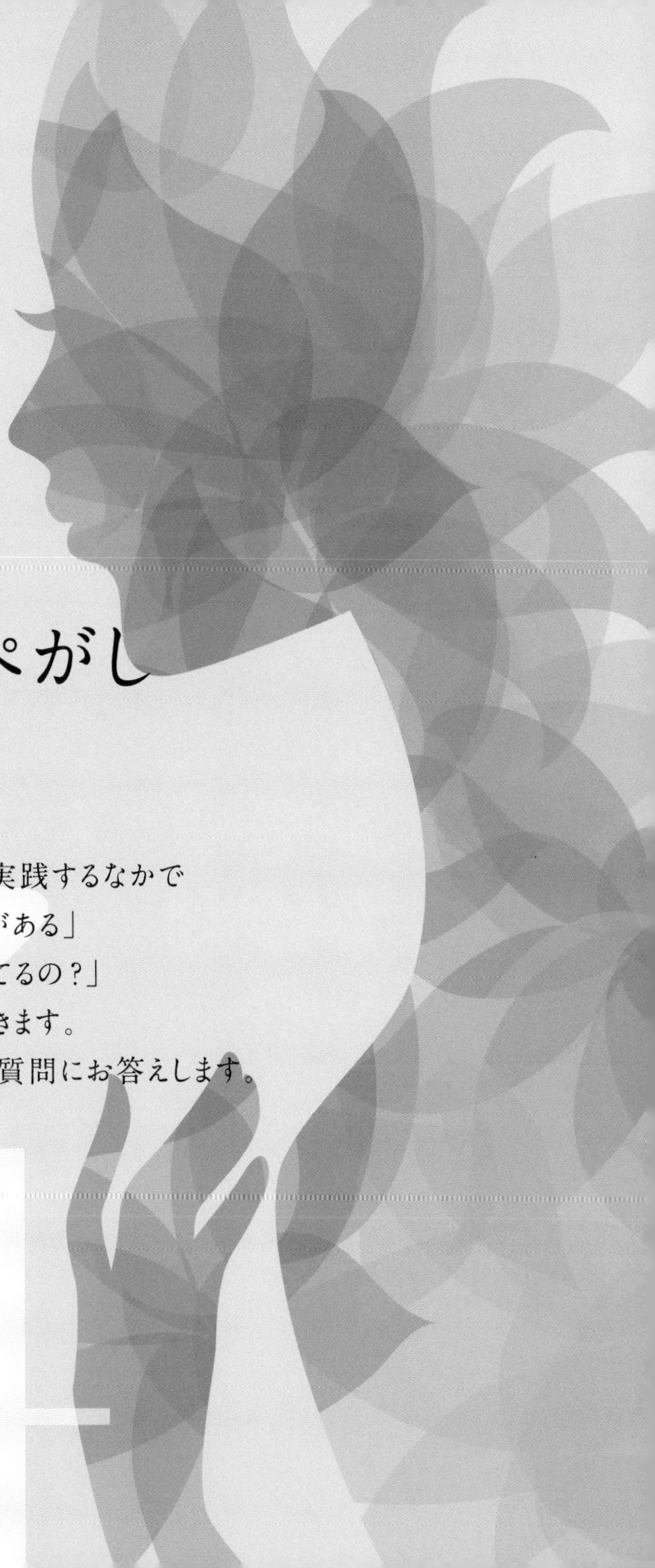

Question

準備運動と整理運動は、
必ずやらないとダメですか？

A

絶対に必要です！
まずはリンパの出口を掃除する
ことからはじめてください。

お部屋を掃除するとき、ゴミ箱にゴミがたまっていたら、新たにゴミを捨てられませんよね。

同じように、リンパの出口が老廃物で詰まっていたら、各ステップをどんなに丁寧にしても、顔から老廃物は流れていきません。

老廃物が詰まったまま、ひっぺがしを行うことは、部屋の片隅にゴミを追いやるだけと同じことです。

整理運動も、老廃物の排出効果を高めるためのものです。

どちらも、必ず毎回行いましょう。

Answer

Question

毎日続けていたら、最初ほど痛みを感じなくなりました。痛みがなくても効果はあるんでしょうか？

A 痛みがなくなるのは、肌の自己回復力が戻ってきた証拠です。

顔筋ひっぺがしを継続していれば、固まっていた筋膜がほぐれ、痛みが少なくなってくるのは自然なことです。その証拠に、筋膜の癒着が少ない子どもは、顔筋ひっぺがしをしても痛みはありません。

痛いことに意味があるわけではないので、痛みがなくなってきたら、肌に自己回復力が戻ってきたんだと喜びましょう。ただし、筋肉は使わないとまたすぐに筋膜が癒着してしまうので、肌の自己回復力が戻ったあとも、数日に1回のペースでいいので、ぜひ続けてくださいね。

Question

顔筋ひっぺがしをした翌日、
顔がいつもよりむくみました。
これってやり方が
間違っていますか？

A
むくみやすい人は
やりすぎに注意。
徐々に慣らしていきましょう。

漢方医学に「水毒」という言葉があるように、もともとむくみやすい体質の方がいます。そういった方は、一般的な方より身体のデトックスがスムーズに行われないため、顔筋ひっぺがしをしても、すぐにはすっきり感を味わえないことがあります。

ひっぺがしをしたあとにむくみが出たときは、最低1日は施術をお休みすることをおすすめします。

むくみがひいたら、また行いましょう。続けることで、徐々にむくみにくい体質へと変わっていきます。

Question

痛みをガマンしてやったら、翌日まで痛みが残ってしまいました。強くやりすぎたのでしょうか？

A はじめたばかりの頃は、老廃物がたまっている人ほど痛みが出やすいです。

痛いということは、その分、老廃物がたまっていたということ。筋膜の癒着を引きはがすときに痛みが出るのは、自然なことです。

特に、はじめてひっぺがしをしたあとは、痛みの余韻が長引いて、翌日まで筋肉痛を伴うこともありますが、正しい方法で行っていれば問題ありません。継続することで、だんだんと痛みが残ることはなくなっていきます。

ただ、痛みが出ている間は無理に行わず、痛みが引いてから再開することをおすすめします。

Question

顔筋ひっぺがしをするタイミングは、いつがいいの？

A いつでもOK。継続できることを優先してください。

顔筋ひっぺがしをするタイミングに、特に決まりはありません。

朝の洗顔のあとでも、夜テレビを見ながらリラックスしているときでも、自分が行いやすいタイミングで構いません。

強いていうなら、血行がよくなっているお風呂上がりはもっとも効果が表れやすいのでオススメです。

ひっぺがしは、「いつするか」よりも、「継続すること」のほうが大切です。継続して行えば必ず効果を実感できます。

Answer

おわりに

最後までお読みいただき、ありがとうございました。

この顔筋ひっぺがしメソッドを構築し、早7年が過ぎましたが、このメソッドの効果をさらに実証してくれたのは、まぎれもなく、私のサロンに足を運んでくださったお客様の存在でした。

いままで数々の方を施術してきましたが、女性は42・5歳を過ぎたころから、老化をあきらめる人とそうでない人に二分化するように思えてなりません。

「いままでいろんな化粧品や美容法を試したけれど、私にはムダだった」と思う人ほど、美に対してのあきらめも早いような気がします。

しかし、あなたはいま「顔筋ひっぺがしメソッド」に出会いました。
このメソッドを実践すれば、何歳であっても、美しい肌、そしてシャープなフェイスラインを手に入れることができます。

さあ、あなたも今日から生まれ変わりましょう。

そして、このメソッドにより、お肌にコンプレックスを抱くすべての方が健康と美を手に入れられますように。
そして、この本がそのきっかけとなれたら、これ以上うれしいことはありません。

那賀洋子

「顔筋ひっぺがし」サロン紹介

美faceジム

東京都港区東麻布1-18-7
リヴェール林501

Natural facial este PRANA（プラーナ）

大分県大分市中戸次4197-2

美faceジムHP http://bi-facegym.com/

那賀洋子オフィシャルサイト http://youkoproject.com/

著者紹介

那賀洋子（なか・ようこ）

大分県出身。30代で老化という壁にぶつかり、高級化粧品を使うことで若返ろうとするも、かえってどんどん悪くなる肌をみて化粧品に疑問を持ち始める。その中で、肌の自己回復力を取り戻す顔筋ひっぺがしメソッドを独自に開発。実践したところ、みるみる肌が生き返り、周囲を驚かせる。その後、化粧品による経皮吸収を軽減させる必要性と、顔筋ひっぺがしメソッドを多くの方に伝えたいと、大分でサロンを開業。評判は口コミで広がり、2015年にはより多くの方に「真の美と健康」を伝えるために、東京・麻布十番にもサロンをオープンする。日本テレビ『魔女たちの22時』等に出演。『美ST』（光文社）や『クロワッサン』（マガジンハウス）、『25ans（ヴァンサンカン）』（ハースト婦人画報社）等、様々なメディアに取り上げられる。

●「美faceジム」HP
http://bi-facegym.com/
●那賀洋子オフィシャルサイト
http://youkoproject.com/

マイナス15歳肌《さいはだ》をつくる
顔筋《がんきん》ひっぺがしメソッド

〈検印省略〉

2019年 6 月 15 日 第 1 刷発行
2019年 8 月 2 日 第 2 刷発行

著 者——那賀 洋子（なか・ようこ）
発行者——佐藤 和夫

発行所——株式会社あさ出版
〒171-0022 東京都豊島区南池袋 2-9-9 第一池袋ホワイトビル 6F
電 話 03 (3983) 3225（販売）
03 (3983) 3227（編集）
F A X 03 (3983) 3226
U R L http://www.asa21.com/
E-mail info@asa21.com
振 替 00160-1-720619

印刷・製本（株）光邦

facebook http://www.facebook.com/asapublishing
twitter http://twitter.com/asapublishing

ISBN978-4-86667-145-1 C2077